왜 루터는 종교 개혁을 일으켰을까?

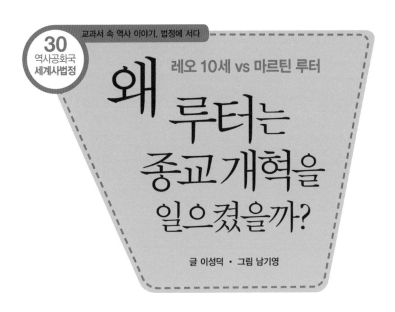

교과서 속 역사 이야기, 법정에 서다

30
역사공화국
세계사법정

레오 10세 vs 마르틴 루터

왜 루터는 종교 개혁을 일으켰을까?

글 이성덕 · 그림 남기영

면죄부

95개조
반박문

㈜자음과모음

마르틴 루터는 타락한 중세 로마 가톨릭교회를 개혁하여 성서에 기초한 참된 기독교회를 세운 종교 개혁의 영웅으로 칭송받고 있습니다. 자신의 삶과 구원 문제에 깊은 관심을 가졌던 그는, 수도사가 된 후 치열한 성서 해석을 통하여 인간은 의로움이나 도덕적 선행을 통하여 구원받는 것이 아니라 하느님이 주신 은혜의 선물 예수 그리스도를 믿음으로써 의롭다고 인정받고 구원받는다는 것을 깨닫습니다. 그는 구원받기 위해 인간이 할 수 있는 것은 오직 믿음뿐이라고 주장하였지요. 그는 로마 가톨릭교회가 이 믿음 외에 성서에 근거하지 않은 인간적인 전통과 법을 많이 만들어 오히려 복음의 진리를 가리고 있을 뿐만 아니라 인간을 억압하고 있다고 보았습니다.

루터가 처음부터 종교 개혁을 하거나 새로운 교회를 만들 의도가 있었던 건 아닙니다. 그는 자신이 새롭게 발견한 복음의 이해에서 볼 때 당시 면죄부 판매로 대변되는 로마 가톨릭교회의 타락과 이를 정당화시키는 신학적 근거들을 도저히 용납할 수 없었습니다. 그는 학자로서 이 문제를 공개 토론을 통하여 해결하고자 했지요. 그러나 그가 토론을 위해 비텐베르크 성의 교회 정문에 「95개조 반박문」을 내걸자, 그 파장은 그동안 타락한 로마 가톨릭교회에 불만을 품고 있던 독일 대중들 사이로 요원의 불길처럼 번져 나갔습니다.

짧은 시간에 루터의 개혁 사상이 대중들에게 전달될 수 있었던 것은 구텐베르크가 발명한 금속 활자 인쇄기 덕분이었습니다. 이러한 기술의 발전과 더불어 루터의 종교 개혁이 성공을 거둘 수 있었던 데는 정치적 요인도 있었지요.

당시 '독일 민족의 신성 로마 제국'은 수많은 제후 국가로 분열되어 있던 명목상의 나라로, 실제로는 지역의 제후가 통치하는 제후 국가들의 연합이었습니다. 루터가 속해 있던 작센의 비텐베르크는 선제후 프리드리히 현제가 통치하고 있었는데, 그의 보호와 지지가 없었다면 루터의 종교 개혁의 싹은 로마 교황과 황제에 의해 초기에 짓밟혔을지도 모릅니다. 이러한 정치적 후견은 루터의 종교 개혁을 성공시킨 한 요인이기도 했지만, 그의 개혁을 제후들의 이해관계의 틀 안에 가두는 덫이 되기도 했습니다.

어쨌든 루터는 이탈리아 인들이 지배하던 로마 교황청에 대항하여 싸운 독일 민족의 영웅이자, 참된 신앙을 세우기 위해 죽음조차 두려워하지 않은 신앙의 영웅으로 평가받고 있습니다. 그렇다면 이러한 평가는 공정한 것일까요?

로마 가톨릭교회 입장에서 루터는 반드시 긍정적이지만은 않습니다. 그는 개인적으로 종신 서약을 저버리고 수녀원을 뛰쳐나온 수녀와 결혼하는 파계를 저질렀습니다. 그리고 무엇보다도 '하나의 거룩하고 보편적인(catholic) 교회'를 분열시켰습니다. 그 이후로 서방교회는 무수한 교회와 교파로 분열에 분열을 거듭하였는데, 이 비극적인 씨를 뿌린 사람이 바로 루터라고 단정하기도 하지요. 루터가 의도한 것이 아니라 하더라도, 오늘날 교회의 연합과 일치를 추구하는 입장에서 볼 때 결국 교회의 분열을 초래한 종교 개혁을 전적으로 옳았다고 단정할 수 있을까요? 종교 개혁 이후 개신교회 역시 타락하지 않았던가요?

혹자는 중세 후기 로마 가톨릭교회가 타락한 것은 사실이지만, 그렇다고 교황과 로마 교회가 이룩한 문화적·예술적 성취를 폄하해서는 안 된다고 주장합니다. 오늘날 인류의 문화적 보물로 간주되는 무수한 르네상스의 예술과 건축물은 르네상스 교황들의 지지와 후원이 없었다면 불가능했던 것들이지요. 이들의 예술적 열정을 단지 타락의 소산으로 매도할 수 있을까요? 이들이 없었다면 인류의 문화 예술은 얼마나 빈곤하였을까요?

이번에 루터 당시 타락의 화신으로 비판받았던 교황 레오 10세가, 자신과 로마 가톨릭에 대해 부당하게 평가하여 명예를 훼손시키고 허위 사실을 유포한 혐의로 루터를 역사공화국 세계사법정에 고소해 왔습니다. 역사적 진실을 밝히는 데 남다른 열정과 냉정을 갖춘 명판결 판사의 주재하에 원고 레오 10세 교황과 김딴지 변호사, 피고 루터와 이대로 변호사, 그리고 다수의 증인들이 세계사법정에 나와서 벌이는 열띤 공방을 지켜보며 각자 생각하는 시간을 가져 봅시다.

이성덕

차례

신보다는 인간을, 내세보다는 현실의 삶을 중시하는 분위기를 배경으로 14세기 이탈리아에서 시작된 새로운 문화 운동을 르네상스라고 한다. 당시 인문주의자들 중에는 가톨릭교회의 부패를 비판하는 학자들이 있었는데, 이것은 곧 일어날 종교 개혁을 예고하는 것이었다.

중학교 역사

중세 말부터 일부 종교 지도자들은 가톨릭교회의 부패와 성직자들의 타락, 형식적인 신앙을 비판하였다. 로마 교황이 성 베드로 대성당의 수리 비용을 마련하기 위해 독일에서 면죄부를 판매하자, 독일의 신학자인 루터가 이를 비난하는 글을 발표한다. 1517년의 일로, 여기서 종교 개혁이 시작되었다. 로마 교황청의 간섭에 불만이 많았던 독일의 제후들과 농민들은 루터의 주장을 지지하였다.

14세기에 르네상스 운동이 일어나자 그리스와 로마 고전을 수집하고 연구하던 인문주의자들은 이 운동에 앞장섰다. 인문주의자들은 부패하고 타락한 교회와 사회 지배층을 비판하면서 초기 기독교 정신으로 돌아갈 것을 외쳤다.

고등학교	세계사	V. 지역 세계의 팽창과 세계적 교역망의 형성 3. 근대 유럽 세계의 갈등과 도약 　(1) 르네상스와 종교 개혁

1517년 독일의 수도사인 루터는 「95개조 반박문」을 내걸며 로마 교회를 비판한다. 루터는 신의 은총과 믿음을 통해서만 구원을 얻을 수 있다고 강조하였다. 루터는 성경을 독일어로 번역하고 교회 개혁 운동을 깊이 있게 추진해 나가며 개혁 지지 세력을 형성하였다.

1450년	구텐베르크, 활판 인쇄술 발명
1453년	비잔티움 제국 멸망
1466년	에라스뮈스 탄생
1483년	루터 탄생
1492년	콜럼버스, 아메리카 대륙 발견
1509년	칼뱅 탄생
1517년	루터의 종교 개혁
1519년	마젤란, 세계 일주
1526년	인도, 무굴 제국 성립
1534년	영국, 헨리 8세가 수장법 발표
	예수회 창설
1536년	칼뱅의 종교 개혁
1572년	프랑스, 성 바르톨로메오 축일의 대학살

1392년	고려 멸망, 조선 건국
1394년	한양 천도
1416년	4군 설치(~1443)
1434년	6진 설치(~1449)
1446년	훈민정음 반포
1469년	『경국대전』 완성
1506년	중종반정
1519년	향약 실시
1543년	백운동 서원 세움
1555년	을묘왜변
1592년	임진왜란(~1598)
1627년	병자호란

레오 10세(1475년~1521년)

이탈리아 메디치 가문 출신으로 1513년에 37세 나이로 교황이 되었어요. 내가 예술과 문학을 장려했던 르네상스 교황인데, 성 베드로 대성당을 신축하기 위해 면죄부를 발행했다가 루터 때문에 타락한 교황의 대명사가 되었소이다.

김딴지

역사 속의 숨은 진실을 파헤치는 역사공화국의 김딴지 변호사입니다. 루터를 상대로 소송을 진행하게 되어 부담감이 컸지만 끝까지 최선을 다해 재판에 임할 생각입니다.

원고 측 증인 요한 테첼

나는 도미니크 수도회의 수도사로서 면죄부를 판매하는 설교를 한 것으로 유명합니다. 성 베드로 대성당의 건축 자금을 마련하기 위해 노력했지요. 면죄부 판매를 공개적으로 비난했던 루터와 만날 것을 생각하니 심기가 불편하군요.

원고 측 증인 요한 에크

로마 가톨릭의 편에 서서 루터의 종교 개혁을 가장 적극적으로 반대했던 사람이 나요. 라이프치히 논쟁에서 루터와 대결했고, 로마 교황청으로 하여금 루터를 파문하도록 하는 데도 큰 몫을 했지요. 루터의 주장에 대해 나는 아직도 용납할 수 없습니다.

피고 **마르틴 루터(1483년~1546년)**

아우구스티누스 은자 수도회에서 수도 생활을 하며
사제가 되었어요. 비텐베르크 대학에서 성서학을 강
의하다 1517년에 로마 가톨릭교회의 면죄부 판매를
비판하면서 95개 조항의 라틴 어 반박문을 냈는데 이
것이 종교 개혁의 발단이 되었지요.

피고 측 변호사 **이대로**

언제나 역사를 수호하기 위해 노력하는 이대로 변호
사입니다. 루터의 종교 개혁이라는 위대한 업적에 찬
물을 끼얹는 이 소송에서 반드시 승리할 것입니다.

신성 로마 제국의 황제였던 카를 5세입니다. 나의 제국을 로마가톨릭 교회로 통일시키고자 많은 노력을 했지요. 하지만 전제적인 태도로 가톨릭 제후들의 반감을 사서, 후에 루터주의의 정치적 권리를 승인하게 되었어요.

유럽 최대의 인문주의자로 알려진 에라스뮈스입니다. 『우신예찬』을 통해 성직자의 타락을 풍자한 것으로 유명하지요. 당시에 나는 로마 가톨릭교회 내에서의 개혁을 지지했습니다.

역사공화국 세계사법정의 명판결 판사입니다. 역사적 사건에 대해 편견이나 선입견 없이, 제시된 증언과 근거 자료들을 가지고 공정한 판결을 내리고자 늘 노력한답니다.

"세계 역사를 이해하기 위해선
기독교를 알아야 해요"

세상에는 전혀 예기치 못한 일도 일어나는가 보다. 오늘 아침에 데스크에게서 온 전화를 받는 순간 내가 꿈을 꾸고 있는 것은 아닌가 생각했다. 어젯밤 늦도록 원고를 마감하느라 제대로 잠을 자지 못해서 환청을 들었는지도 모른다는 생각이 들었다.

역사공화국 세계사법정에 교황 레오 10세가 마르틴 루터를 고소했다는 것이다. 교황이라 하면 땅 위에서 그리스도를 대리하는 이가 아닌가. 그런 교황이 세속의 판관에게 재판을 의뢰하다니……. 참으로 흥미로운 일이 아닐 수 없다!

좋은 기삿거리를 만났다는 기대 외에 내 개인적인 관심도 있다. 나는 기독교인이기는 하지만 요즈음은 일이 바빠서, 아니 정확하게 말하면 열정이 식어서, 아내 등쌀에나 이따금 교회에 나가는 게 고

작인 무늬만 신자인 사람이다. 그렇다고 기독교에 대해 궁금증이 사라진 것은 아니다. 하지만 누구에게 드러내 놓고 물어볼 기회도 별로 없어서(한 번 잘못 물었다가 시험에 들었다고 얼마나 교인들로부터 눈총을 받았던가!) 가슴에 묻어 둔 것이 많았던 차였다. 어쩌면 이 재판을 통해 뭔가 속 시원한 답을 얻을 수 있을지 또 아나?

나는 마치 〈해리 포터〉의 마법 학교로 가는 티켓을 얻은 것처럼 신기하고도 기대에 찬 마음으로 데스크가 알려 준 시간에 맞춰 법정으로 향했다. 번잡한 시내를 벗어나 한적한 도로를 한동안 달리니 눈에 익은 법원 건물이 나타났다. 그동안 수십 번이나 취재하러 왔던 곳이건만 새삼 근엄함이 느껴져 옷매무새를 가다듬으며 건물로 들어섰다.

법정 로비에는 언제 연락을 받았는지 모 신문사 기자인 이기자도 와 있었다.

"어? 이기자!"

"선배님!"

이기자는 고등학교 후배로, 나와는 이따금 만나 술 한잔 하면서 세상 돌아가는 이야기를 나누는 사이다.

"자네가 어떻게 알고 여기에 왔는가?"

"세상에 비밀이 어디 있습니까? 선배님만 특종 해서야 되겠습니까?"

이기자는 다소 퉁명스럽게 말했다. 맛있는 음식을 혼자 먹으려다 들킨 사람처럼, 나는 미안한 마음에 얼른 화제를 돌렸다.

"레오 교황이 마르틴 루터를 상대로 역사공화국 세계사법정에 고소를 하다니, 그리스도의 대리자로서 천국의 열쇠를 가지고 있다는 그도 억울한 것이 있나 보군."

"그러게 말입니다. 교황도 사람이니, 사람들이 자신을 비판하는 것은 견딜 수 없는 모양입니다."

그는 시니컬하게 말을 받았다.

"어쨌든 그 당시 살았다면 얼굴조차 보기 힘든 사람들을 이렇게 역사법정에서 보게 되니 이 얼마나 큰 행운인가?"

"이왕 세계사법정에 올 거면 더 재미있는 사건이었으면 좋았을 텐데요. 이를테면 클레오파트라와 안토니우스 사건 같은……. 종교 재판은 골치 아프지 않아요?"

"종교적인 문제라 재판이 쉽지 않겠지만 그거야 판사가 고민할 문제이고, 우리는 공부하는 셈 치고 방청하는 거지 뭐. 기삿거리를 건지면 좋고."

"선배님은 기독교 신자이니까 그래도 관심이 많으시겠지만, 나 같은 무신론자야 따분해서 졸지나 않을까 걱정입니다."

"그래도 자네는 명색이 문화부 기자인데, 상식으로라도 종교 개혁의 역사를 알아야 하지 않나?"

"하기야, 세계 역사나 오늘날 한국 사회를 이해하기 위해선 기독교를 모르고서는 안 되겠지요. 이미 기독교는 한국 사회에 깊이 뿌리를 내려 더 이상 외래 종교라고 부르기도 어렵고……. 어쨌든 시간이 다 된 것 같은데, 방청석으로 갈까요?"

우리는 서둘러 법정 안으로 들어갔다. 우리는 진지하게 지켜보기 위해 서로 멀찍이 떨어져 앉기로 했다.

르네상스, 그리고 종교 개혁

14세기 유럽 사람들은 잦은 전쟁과 부패한 교회, 청렴하지 못한 지도층으로 인해 큰 고통을 받게 됩니다. 그러면서 자연스레 인간에 관심을 갖는 사람들이 많아지고, 그리스·로마 고전 문화가 부활하게 되었지요. 이를 르네상스 운동이라고 불렀는데, 이 운동에 앞장선 인문주의자들 중 에라스뮈스는 낡은 사회 제도와 타락한 종교를 비판하는 일에 앞장섰습니다. 그는 『우신예찬』이라는 책에서 "현재의 교황은 어려운 일은 베드로와 바울로에게 맡기고 자신은 호화로운 의식과 즐거운 일만 찾는다. 교황만큼 근심 없는 사람도 없다"고 지적하였지요.

한편 당시 독일의 광산촌 아이슬레벤에서 태어난 마르틴 루터는 수도사가 될 결심을 합니다. 그래서 수도원에 들어가 엄격한 생활을 하며 라틴 어로 된 성서를 공부했지요. 그리고 2년 뒤 사제가 되어 비텐베르크 대학에서 성서와 신학을 강의하게 되었습니다. 하지만 신앙의 참모습을 보기 위해 방문한 로마에서 겉만 화려하고 형식적인 예배와 타락한 성직자들의 모습에 큰 충격을 받게 되지요. 그래서 다시 독일로 돌아와 성서의 참다운 뜻을 찾기 위해 더욱더 신학 연구에 매진합니다.

그러던 차에 교황으로 즉위한 레오 10세가 성 베드로 대성당을 짓는 돈을 마련하기 위해 면죄부를 발행하였고, 이에 루터는 크게 분노하게 되지요. 돈을 내고 죄를 면할 수 있는 길은 없다고 여겼으며, 신을 믿고 올바르게 사는 사람들만이 구원을 받아 천국에 갈 수 있다고 생각했기 때문입니다. 그래서 루터는 교황청의 잘못을 바로잡기 위해 「95개조 반박문」을 썼습니다. 여기에는 잘못된 교회의 행태를 비판하고 복음에 기초한 참된 교회를 세우기 위한 95개 논제가 담겨 있었습니다. 이러한 루터의 반박문은 삽시간에 전 유럽으로 퍼져 나가 종교 개혁 운동의 불을 지피게 됩니다.

마르틴 루터의 동상

원고 | 레오 10세	대리인 | 김딴지 변호사
피고 | 마르틴 루터	대리인 | 이대로 변호사

청구 내용

나는 평화의 사도인 교황으로서 오랫동안 참아 왔지만, 로마 가톨릭교회가 부패하고 타락한 모습으로 그려지는 것을 더 이상 방치할 수 없어서 이러한 부정적 인식을 전파한 마르틴 루터를 명예 훼손과 허위 사실 유포 죄로 고소하게 되었습니다.

마르틴 루터는 본인이 발행한 면죄부를 불법적인 것이라고 말하는데, 사실 면죄부는 오래전부터 로마 교회에서 행한 사면의 한 방법이었습니다. 로마 가톨릭교회는 그리스도와 성인들의 공로의 보화를 은총의 수단으로서 성례를 통해 신자들에게 나누어 줍니다. 고해 성사도 그 중의 하나로 죄를 회개하고 고백하는 것을 통해 용서받습니다만, 교회가 정한 죄의 형벌(보속)을 감수해야 합니다. 그런 형벌 가운데는 금식 기도, 성경 읽기, 성지 순례, 자선 헌금, 건축 헌금 등이 있고, 면죄부 구입을 통해 형벌을 대신할 수 있었습니다. 이미 십자군 전쟁 때 전쟁 참여를 면해 주는 면죄부가 판매되었지요. 본인이나 로마 가톨릭교회는 실추된 로마 교회의 권위를 다시 세우기 위해 성 베드로 대성당을 개축하기로 결정했고, 그 자금을 면죄부를 판매함으로써 충당하고자 한 것입니다. 선임 교황인 율리오 2세도 이미 이러한 방법을 사용했습니다.

또한 마르틴 루터는 본인이나 선임 교황들이 후원한 르네상스의 문화와 예술을 타락과 부패의 상징으로 폄하했는데, 이는 지극히 몰상식한 것입니다. 근엄한 표정으로 삶의 엄숙함만 설교할 줄 알았던 그가 삶의 아름다움과 명랑함을 알겠습니까? 오늘날 르네상스 교황이라 일컬어지는 본인과 선임 교황들은 천재적 예술가들을 지원함으로써 인류 문화·예술 발전에 기여했다는 점에서 오히려 칭찬받아야 할 것입니다.

마르틴 루터 자신은 의도하지 않았다고 하지만 결과적으로 교회는 분열되었고, 그 후 수많은 기독교 종파 간의 경쟁과 대립과 전쟁을 불러왔습니다. 상황이 이럴진대 교황을 '적(敵)그리스도'로, 로마 교회를 '타락한 바벨론'으로 낙인찍은 것은 명백한 명예 훼손에 해당됩니다. 본인은 공정한 역사공화국 세계사법정의 재판을 통해 왜곡된 역사의 진실을 바로잡고 실추된 명예를 회복하고자 합니다.

입증 자료

- 중학교 역사 교과서
- 고등학교 세계사 교과서
  그 외 자료 추후 제출하겠음.

위 청구인 레오 10세
역사공화국 세계사법정 귀중

면죄부 판매는 불법이었을까?

1. 사람들은 왜 면죄부를 사게 되었을까?
2. 루터가 수도사가 된 이유는 무엇일까?
3. 「95개조 반박문」에는 어떤 내용이 담겼을까?

1

사람들은 왜 면죄부를
사게 되었을까?

어떻게 알고 왔는지 법정 안은 방청객으로 가득 찼다. 배심원석에는 이미 긴장된 표정의 배심원들이 자리하고 있었다. 종교 개혁으로 유명한 마르틴 루터를 교황이 고소한 사건이다 보니 유달리 기자들도 많은 듯했다. 잠시 후 법정의 다소 무거운 공기를 흐트러뜨리는 경쾌한 소리가 들렸다.

"판사님께서 입정하십니다. 모두 자리에서 일어나 경의를 표해 주시기 바랍니다."

법정 경위의 말이 떨어지자 모두들 자리에서 일어섰다. 반백 머리의 판사는 위엄 있는 표정으로 판사석에 오른 뒤 잠시 법정을 돌아보고는 자리에 앉았다. 그가 쓴 검은 법모와 법복에 금실로 수놓인 'IUSTITIA'라는 단어가 훈장처럼 빛났다. 이 말은 **라틴** 어로 '정의'

를 뜻했다. 하느님의 최후의 심판은 아니지만, 그 바로 직전에 행해지는 심판을 담당하는 역사공화국 판사로서의 비장함이 그의 얼굴에서 묻어났다.

라틴 어
인도·유럽 어족의 하나로 프랑스 어, 이탈리아 어, 에스파냐 어, 포르투갈 어, 루마니아 어 등 로맨스 어의 근원이 된 언어입니다. 그리스 어와 함께 전문 용어의 원천이 되었으며 아직도 로마 가톨릭교회의 공용어로 쓰이지요.

판사   다른 재판도 아니고, 미묘하고 까다로운 종교와 관련된 재판을 담당하게 되어 마음이 무겁습니다. 재판을 하기에 앞서 평소에 궁금한 것이 있어 원고 측 변호인에게 묻습니다. 기독교와 천주교회(로마 가톨릭교회)는 어떠한 관계입니까?

김딴지 변호사   기독교는 예수 그리스도를 하느님의 아들이요 이 세상의 구원자로 믿는 종교입니다. 여기에는 로마 가톨릭교회(천주교회), 그리스 정교회(동방 교회), 그리고 피고인 마르틴 루터에 의해 시작된 개신교회(프로테스탄트 교회) 등이 모두 포함됩니다. 그런데 대한민국이라는 나라에서는 마치 로마 가톨릭과 개신교가 별개인 것처럼 여겨지고 있죠. 가령 신문이나 방송에서조차 종교 조사를 할 때 불교, 천주교, 기독교 등으로 구분합니다. 개신교인들 가운데는 천주교는 이단이니까 개신교만이 기독교라는 칭호를 써야 한다고 주장하는 일부 몰지각한 사람도 있습니다.

이대로 변호사   판사님, 원고 측 변호인의 주장에 이의 있습니다. 개신교가 기독교라는 칭호를 독점하려는 것이 아니라, 로마 가톨릭교회가 기독교란 칭호 대신 천주교란 칭호를 선호하기 때문입니다. 개신교인들을 몰지각한 사람이라고 매도하다니…… 원고 측 변호인은 그 말을 취소하십시오.

면죄부
중세에 로마 가톨릭교회가 금전이나 재물을 바친 사람에게 그의 죄를 면한다는 뜻으로 발행하던 증서를 말합니다. 800년경에 레오 3세가 시작하였으며, 15세기 말기에는 대량으로 발행하여 마르틴 루터의 비판을 불러일으키고 종교 개혁의 실마리가 되었지요.

참회
신이나 부처 앞에서 자기의 죄를 회개하고 용서를 비는 것을 말합니다.

회개
잘못을 뉘우치고 고친다는 말로, 종교적으로는 살아 온 삶이 잘못되었음을 자각하여 죄인임을 반성하고 그로부터 벗어나려는 뜻을 세워 새로운 생활로 들어가는 일을 이릅니다.

보속
죄로 인한 나쁜 결과를 보상하는 일을 말하며, 죄를 없애기 위해 행해야 하는 행동 등을 가리킵니다.

사면
죄를 용서하여 형벌을 면제하는 것을 말합니다.

판사   아니, 본격적으로 재판이 시작되기도 전에 이렇게 신경전을 하시면 어쩝니까? 자, 마음을 가라앉히시고요, 오늘의 사건에 대해서 원고 측 변호인이 청구 이유를 말씀해 주시지요.

김딴지 변호사   소장에도 나와 있듯이, 피고인 마르틴 루터는 독선적이고 일방적인 시각으로 원고인 교황 레오 10세와 로마 가톨릭교회를 모독하였습니다. 피고는 면죄부로 대변되는 로마 교회의 부패와 타락 때문에 종교 개혁을 일으켰다고 했습니다. 피고는 이미 오래전부터 행해져 온 면죄부 발행이 불법이며 원고인 레오 10세와 선임 교황들이 이룩한 빛나는 르네상스 예술과 건축의 업적은 방종과 타락의 산물이라고 매도하였습니다. 이것은 명백한 명예 훼손죄에 해당되며 본 소송은 이의 부당함을 바로잡기 위해 제기되었습니다.

판사   면죄부 발행이 불법이 아니었나요?

김딴지 변호사   사실 면죄부 발행의 근거는 로마 가톨릭교회의 참회 제도에 있습니다. 참회의 과정은 보통 회개와 고백과 보속과 사면의 단계를 거칩니다.

    고대 교회에서는 신자가 죄를 지었을 경우 전체 회중 앞에서 회개와 고백을 하였으나 점차 사제에게 개인적으로 고백하게 되었으며, 회중 전체가 부과하는 사면에 대한 공적인 보속 대신 사제가 정한 보속으로 대신하게 되었습니다. 7세기부터는 구제금으로 보속을 대신하는 관습이 생겼는데요, 사제들이 이 제도를 악용하게 되자 면죄의 권한을 주교에게만 허락하다가 결국은 교황에게만 허용하게 되었습니다. 그 후 면죄부 발행은 성당 건축이나 십자군 원정을 위한 자금을 확보하기 위한 수단으로 사용되기도 했습니다.

레오 10세의 선임 교황도 교황청의 재정 확보를 위해 면죄부를 발행하였습니다. 이것은 로마 교회의 오랜 관행이자 법인데 원고 레오 10세만 유독 불법을 행한 것처럼 비난하는 것은 온당치 않습니다.

판사 어떤 방식으로 면죄부를 발행하고 판매하였는지 말씀해 주시겠습니까?

김딴지 변호사 ▶실추된 교황과 로마 교회의 권위를 회복하기 위해 성 베드로 대성당을 개축하기로 결정했지만, 교황청은 돈이 없었습니다. 아무리 신성한 교황청이라고 하지만 맨손으로 건축을 시작할 수는 없지 않습니까? 그래서 교황은 재정 문제에 밝고 능력 있는 알브레히트 대주교에게 면죄부 파는 일을 위임했습니다. 그는 면죄부 판매를 촉진시키기 위해 유능한 설교가였던 도미니크 수도사 요한 테첼을 고용하였어요. 그의 열정적인 설교를 들은 자 중에 면죄부를 사지 않은 사람이 거의 없을 정도였지요.

이대로 변호사 판사님, 이의 있습니다. 원고 측 변호인은 지금 알브레히트 대주교나 요한 테첼 수도사를 유능한 사

십자군
중세 유럽에서 기독교도가 팔레스타인과 예루살렘을 이슬람교도로부터 다시 찾기 위하여 일으킨 원정을 말합니다. 1096년부터 13세기 후반까지 7회에 걸쳐 약 700만 명을 동원하였지요.

교과서에는

▶ 종교 개혁이 본격적으로 시작된 계기는 성 베드로 대성당의 개축 비용을 마련하기 위해 시행된 면죄부 판매에 대한 루터의 반대였습니다.

왜 루터는 종교 개혁을 일으켰을까?

람처럼 말하는데, 돈을 긁어모으는 일에는 재주가 있을지 모르지만 이들은 참으로 부도덕한 인물들입니다.

김딴지 변호사　아니, 부도덕하다니요? 종교적 헌신과 열정이 조금 지나쳤을 뿐이지요. 판사님, 말이 나온 김에 요한 테첼을 증인으로 채택하고자 합니다.

판사　허락합니다. 요한 테첼은 증인석에 나와 선서해 주시기 바랍니다.

테첼　진실만을 말할 것을 선서합니다.

김딴지 변호사　본인 소개를 간단히 해 주시죠.

테첼　나는 변설을 잘해서 면죄부 판매 설교사로 활약했어요. 교황의 의뢰로 성 베드로 대성당 건축 자금을 마련하는 일을 했지요.

김딴지 변호사　증인은 알브레히트가 어떻게 마인츠의 대주교가 되었는지 아십니까?

테첼　그야 하느님의 은혜이고 교황님과 교황청의 탁월한 선택이지요. 마인츠의 대주교라면 신성 로마 제국 황제를 선출할 수 있는 선제후가 되는 막강한 자리인데 아무나 될 수 있겠습니까? 알브레히트 대주교와 같이 깊은 신앙심과 재정적 능력을 갖춘 사람이 아니고선 자리에 앉혀 줘도 감당할 수 없을 것입니다.

이대로 변호사　역시 알브레히트의 똘마니답게 그를 존경하고 있군요. 뭐 눈에는 뭐만 보인다더니…….

김딴지 변호사　판사님, 이의 있습니다. 증인 신문 중에 끼어든 것도

대주교
대교구를 주관하는 직위 또는 그 직위에 있는 사람을 가리킵니다. 자기 관할 아래 있는 주교에 대해 교회 통치권과 주교권을 행사하거나, 교황청에 근무하면서 바티칸 외교를 담당하지요.

선제후
봉건 시대에 일정한 영토를 가지고 그 영내의 백성을 지배하는 권력을 가지던 사람을 '제후'라고 하며, 신성 로마 제국에서 1356년 황금 문서에 의하여 독일 황제의 선거권을 가졌던 일곱 사람의 제후를 '선제후'라고 합니다.

상납
윗사람에게 돈이나 물건을 바치는 것을 말합니다. 때로는 이렇게 바치는 돈이나 물건을 말하기도 하지요.

모자라서 똘마니라니요, 이것은 증인에 대한 모독입니다.

판사   받아들입니다. 피고 측 변호인은 용어를 가려 사용하십시오.

이대로 변호사   죄송합니다. 하지만 아무리 자신의 상관이라고는 하지만 너무 미화시키니 참을 수 없었습니다. 알브레히트는 유럽 최대의 은행가인 푸거 가로부터 엄청난 돈을 빌려 교황청에 상납하고 그 자리를 차지하였습니다. 어찌나 욕심이 많은지 마인츠의 대주교뿐만 아니라 다른 지역의 주교직도 동시에 차지하였지요. 그가 면죄부 판매에 열을 올린 것은 그 자리를 차지하기 위해 빌린 돈을 갚기 위한 것이 아니었습니까?

테첼   아니, 그럼 존경하는 알브레히트 대주교께서 그 자리를 돈 주고 샀다는 말씀입니까? 결코 그럴 리가 없습니다. 알브레히트 대주교는 아주 능력 있는 분으로, 그 점을 교황께서 인정하셨던 것입니다. 돈을 바친 것은 뇌물이나 부당한 상납이 아니라 성 베드로 대성당을 짓기 위한 일종의 헌금이었습니다.

이대로 변호사   그렇다면 돈을 바친 것은 인정하시는군요?

테첼   그렇긴 하지만 뇌물은 아니었다고 봅니다.

이대로 변호사   좋습니다. 그것은 그렇다 치고, 증인이 순박한 백성들을 겁주면서 부당하게 면죄부를 판 것을 인정하시나요?

테첼   대체 무슨 말씀을 하시는지 모르겠군요. 나는 교리에 충실했을 뿐입니다.

이대로 변호사   판사님, 증인은 면죄부를 팔면서 이렇게 설교했습니다. "당신들의 부모가 당신들을 위하여 한 일들을 생각해 보시오. 여러분은 적은 돈으로 그들을 연옥의 고통에서 해방시킬 수 있습니다. 여러분이 면죄부 헌금함에 동전을 떨어뜨리자마자, 영혼은 연옥으로부터 뛰어올라 천국에 들어가게 됩니다."

이렇게 죄가 용서된다는 것이 말이 됩니까? 피고는 이것을 참을 수 없었습니다. 이것은 성서의 가르침과는 전혀 맞지 않는 것이었으니까요. 그는 수도사로서 죄와 용서, 그리고 구원의 문제 때문에 처절하게 고민하고 괴로워했던 사람입니다. 그는 오랜 고투 끝에 큰 깨달음을 얻었습니다. 단지 머리로만 깨달은 것이 아니라 온몸으로, 자신의 전 실존을 통해 깨닫고 양심과 신앙의 자유를 얻었지요. ▶피고가 면죄부를 비판한 것은 단지 경제적 문제 때문이 아니라 그 바탕에 깔려 있는 잘못된 교리와 신학 때문이었습니다.

교과서에는

▶ 루터는 "인간은 돈을 주고 면죄부를 산다고 해서 구원받는 것이 아니라 오로지 진실된 믿음과 신의 은총에 의해서만 구원받을 수 있다"고 주장하였습니다.

2

루터가 수도사가
된 이유는 무엇일까?

판사   그럼 여기에서 피고인 마르틴 루터의 이야기를 직접 들어
보는 것이 어떻겠습니까?

　변호사들의 지루한 변론에 고개를 떨어뜨리고 눈을 감고 있던 사
람들이, '마르틴 루터'라는 말에 마치 자신의 이름이 불리기나 한 듯
번뜩 눈을 떴다. 피고인석에 앉아 있는 루터에게 시선을 집중한 사
람들은 마치 이 재판보다는 루터를 보기 위해 이 자리에 온 것처럼
보였다. 이대로 변호사가 루터를 보며 눈으로 묻자, 루터는 고개를
가볍게 끄덕인 뒤 자리에서 일어났다.

판사   피고는 어떻게 평범한 수도사에서 종교 개혁자로 변신하게

되었습니까? 그 과정을 말씀해 주시지요.

루터 나는 본래 법을 공부하는 법학도였습니다. 법률가가 되는 것이 아버지의 뜻이기도 했지요. 아버지는 가난한 농부 출신으로 나중에 구리 광산을 경영하여 자수성가한 분으로, 제가 법률가가 되어 가문을 견고히 세우기를 원하셨습니다. '그 일'이 일어나기까지 나도 그렇게 할 생각이었지요.

판사 '그 일'이란 게 무엇인가요?

루터 1505년 7월 2일, 제 나이 22세로 부모님이 계신 만스펠트 집에서 여름 방학을 보내고 에어푸르트 대학으로 복귀하고 있을 때였어요. 스토테른하임이란 지역의 숲길을 지날 즈음 갑자기 하늘이 어두워지며 폭우를 동반한 천둥 번개가 내 머리 위로 내리쳤습니다. 나는 너무나 놀라서 땅에 바싹 엎드렸어요. 갑자기 죽음의 공포가 밀려왔습니다. 이대로 죽을지도 모르겠구나 하는 생각이 머리를 스쳤지요. 나도 모르게 광부들의 수호성인인 안나에게 도움을 청했습니다. 이 죽음의 공포에서 구해 주시면 수도사가 되겠다고 서원하였지요.

정말 이것은 제 의지가 아닌 것 같았습니다. 에어푸르트로 돌아와 나는 많은 번민을 하였습니다. '만일 전혀 예기치 않은 때에 나에게 죽음이 닥쳐 하느님 앞에 선다면, 나는 과연 의로운 자라고 인정받을 수 있을까? 나는 구원받을 수 있을까?' 이런저런 생각으로 잠 못 자는 밤을 보내다, 나는 마침내 서원한 대로 수도사가 되기로 하였

수도사
청빈, 정결, 순명을 서약하고 독신으로 수도하는 남자를 가리키는 말로 '수사'와 비슷한 단어입니다.

수호성인
특정한 개인이나 단체, 지역, 국가, 교구, 성당을 보호하는 성인을 말합니다.

서원
자기 마음속에 맹세하여 소원을 세우는 것을 말합니다.

습니다. 그리고 그길로 에어푸르트에 있는 아우구스티누스 은자 수도회에 들어갔지요. 나는 예기치 않게 닥칠 죽음과 그 이후의 심판을 온전히 준비하는 길은 수도사가 되는 것밖에 없다고 결론을 내렸습니다.

루터는 잠시 침묵하였다. 그때의 비장함이 그의 얼굴에 묻어나는 것처럼 보였다. 그는 잠시 호흡을 가다듬은 뒤 말을 이어 나갔다.

루터 제가 법률가가 되기를 간절히 바라셨던 아버지는 제 결정을 이해하지 못했습니다. 아버지는 이를 일시적인 충동으로 치부하며 격렬히 반대하셨지요. 그러나 내 결심은 확고하였습니다.

나는 수도원에 들어가서 누구보다도 치열하게 수행을 하였습니다. 만일 구원이 수행을 통해서 이루어지는 것이라면, 아마 그때 가장 먼저 구원받았을 것입니다. 나는 지독한 금욕 생활과 치열한 자아 성찰을 하였습니다.

수행하는 동안 한순간 거룩해지고 온전해지는 느낌이 들기도 했지만 얼마 지나지 않아 그것은 자기기만으로 드러났고, 스스로 알지 못했던 어두운 욕망과 악한 생각에 빠져드는 것을 보았습니다. 나는 수도사가 되어 수행하면 마음의 평화와 구원의 확신을 얻을 수 있다고 생각하였지만 그렇지 않았습니다. 나의 얼굴은 점점 창백해졌고 더욱 불안해졌지요. '어떻게 하느님의 자비와 사랑을 경험할 수 있

자아 성찰
자기의 마음을 반성하고 살피는 것을 말합니다.

자기기만
스스로를 속인다는 뜻으로, 자신의 신조나 양심에 벗어나는 일을 무의식중에 행하거나 의식하면서도 강행하는 경우를 이르는 말입니다.

서품

주교가 상대의 머리 위에 손을 얹고 사제·부제를 임명하는 일을 말합니다.

는가', 당시 나는 이 생각에 매달려 있었습니다.

판사   그러한 갈등 속에서도 결국은 사제가 되지 않았습니까?

루터   그렇습니다. 비록 신앙의 시련은 있었지만 중도에서 포기할 수가 없었어요. 1507년 사제 서품을 받았습니다. 아버지는 마지못해 서품식에 참석하였지만 표정은 몹시 어두웠지요. 그 순간에도 아들이 사제의 길을 버리고 법률가의 길을 가기를 바라는 눈치였습니다. 사제가 된 뒤 신학을 본격적으로 공부하라고 권하는 수도원장의 뜻을 좇아 비텐베르크로 자리를 옮겨 성서학을 공부한 뒤다시 에어푸르트로 돌아왔습니다. 얼마 후에는 수도회 독일 지부 총책임자인 요한 폰 슈타우피츠의 명을 받아 로마로 파견되었습니다.

이 순간을 놓칠세라 이대로 변호사가 잽싸게 끼어들었다. 판사가 결정적인 부분을 그냥 지나칠까 봐 조급해졌기 때문이었다.

이대로 변호사   판사님, 이 대목이 참으로 중요합니다. 피고가 로마 교회의 부패와 타락을 직접 경험하는 계기가 되었으니까요. 피고는 이 부분에 대해서 자세히 말씀해 주시죠.

루터   1510년 11월 나는 동료 한 명과 함께 6주간의 여행 끝에 로마에 도착하였습니다. 슈타우피츠는 수도원의 규율을 더 강화시키기를 원했죠. 그래서 로마에서 열리는 수도원 전체 총회에서 이 개혁안을 제출하고 설명하는 것이 나의 의무였어요. 그러나 개혁안은 받아들여지지 않았습니다.

사실 나는 로마 방문이 결정되었을 때 개인적으로 간절한 소망이 있었습니다. 베드로와 사도 바울로가 순교한 성지, 교황이 통치하는 로마 교회의 총본산인 로마 순례를 통하여 나의 내면의 갈등이 해결되기를 간절히 바랐어요. 그때까지만 해도 나는 로마 바티칸에 대한 신뢰가 있었습니다.

나는 당시의 순례자의 규칙에 따라 로마에 있는 유명한 일곱 교회를 모두 방문하면서 그곳에서 베푸는 은총의 수단을 얻고자 노력하였습니다. 그러나 그러한 갈망은 점차 배신감과 환멸감으로 변했습니다. ▶교회는 화려하긴 했지만, 예수님이 예루살렘 성전을 보고 탄식하신 것처럼 도둑의 소굴이 된 것 같았어요. 교회는 수많은 순례자를 대상으로 가짜 성물을 효험 있는 부적처럼 팔았습니다. 로마의 골목마다 술집과 창녀들이 넘쳐났고 대낮에도 성직자들이 이들을 희롱하는 것을 곳곳에서 볼 수 있었지요. 이미 성직자들은 구도자가 아니라 종교 장사꾼 내지 야바위꾼이 되어 버렸습니다. 로마에 체류하던 4주간 내내 환멸을 느꼈습니다.

김딴지 변호사   판사님, 지금 피고는 일방적인 자신의 시각으로 사실을 왜곡하고 있습니다. 이는 피고가 예술과 인간성을 제대로 이해하지 못한 데서 온 편견에 불과합니다.

이대로 변호사   ▶▶피고가 교회 개혁이 필요하다고 생각한 것은 단지 이러한 외적인 이유 때문만은 아닙니다. 그

성물
신성한 물건이나 제물을 뜻합니다.

교과서에는

▶ 약 1000년 이상 서유럽에는 로마 교회를 중심으로 한 하나의 기독교 세계가 펼쳐져 있었으며, 이로 인해 로마 교회는 막강한 위세와 권력과 부를 독점하였습니다.

▶▶ 루터는 참다운 신앙 생활은 교회의 형식에 의해서가 아니라 개인의 마음속에서 우러나오는 것이므로 이러한 신앙을 위해 필요한 것은 오로지 성서밖에 없다고 보았습니다.

는 로마 가톨릭교회의 보다 근본적인 문제를 보았던 것입니다. 윤리적인 타락보다 더 심각한 것은 교리적 오류였습니다. 그는 복음이 심각하게 왜곡되어 인간을 자유하게 하기는커녕 오히려 인간을 억압한다고 보았습니다.

판사   그렇다면 피고가 깨달은 복음의 진리는 무엇입니까?

루터   먼저 제가 그러한 깨달음에 이르게 된 과정을 말씀드리겠습니다. 로마에서 돌아온 지 채 1년이 안 돼 제 상관이자 고해 신부인 슈타우피츠 원장님의 부름을 받고 1511년 비텐베르크로 갔습니다. 그곳 수도원에 머물면서 비텐베르크 대학에서 신학 공부를 계속하여 신학 박사 학위를 취득하였습니다. 슈타우피츠 원장님은 수도원 업무가 과중해지자 대학의 성서학 교수직을 제게 넘겨주었어요. 이것이 제 생애에 결정적인 계기가 되었습니다.

나는 고민을 해결하기 위해 성서 연구에 매진하였습니다. 1513년 8월부터 1515년 7월까지 구약 성서 시편을 강의했는데요, 내가 수도사로서 시편을 매일 노래하지만 이해되지 않는 부분이 많아서 연구를 할 겸 개설한 강좌였지요. 내가 그 당시 이해하지 못했던 시편 구절로 "주의 의(義)로 나를 건지소서!"(시편 31:1)라는 게 있었습니다. 나는 심판하시는 하느님의 의가 어떻게 나를 구할 수 있을까 의구심이 들었습니다. 최후의 심판자가 들고 있는 의의 잣대는 냉엄하고 무서운 것인데 그것이 어떻게 나를 구원한다는 건지 알 수 없었어요.

나는 시편 강의에 이어 로마서 강의를 시작하였습니다. 안개가 스멀스멀 피어오르던 어느 오후에 수도원 탑에 있는 골방에서 강의 준비를 하고 있었지요. 마음 깊은 곳에는 '하느님의 의란 대체 무엇이며, 이것이 어떻게 인간을 구원하는 것인가?'라는 물음이 똬리를 틀고 나를 괴롭혔습니다. 나는 수도사로서의 삶을 되돌아보았습니다. 수도사로서 흠이 없이 살았음에도 불구하고 나는 하느님 앞에서 내가 죄인이라고 느꼈습니다. 내 양심은 불안하였으며, 내 행위를 통

바울로
기독교 최초로 이방인에게 복음
을 전한 전도자로 전 생애를 전
도에 힘쓰고 각지에 교회를 세웠
으며 『로마서』 등을 썼습니다.

해서는 하느님과 화해할 수 없음을 절감하였습니다.

나는 죄인을 벌하시는 의로우신 하느님을 더 이상 사랑할 수 없었습니다. 아니, 솔직히 미워했습니다. 원죄를 통해 영원히 저주받은 인간들에게 율법으로 억압하는 하느님을 나는 용납할 수 없었습니다. 하느님은 복음을 통해 고통에 고통을 가중시키고 있으며, 자신의 의와 분노로 우리를 위협하고 있다고 생각했습니다.

나는 혼란스러웠습니다. 이러한 결론에 도달하려고 수도사가 되었단 말인가? 그럴수록 나는 바울로가 말한, "복음에는 하느님의 의가 나타나서 믿음으로 믿음에 이르게 하나니, 기록된바 오직 의인은 믿음으로 말미암아 살리라 함과 같으니라"(로마서 1:17)라는 말씀 중에서 '하느님의 의'와 '의인은 믿음으로 말미암아 산다'라는 말의 연관성을 깨닫기 위해 고투하였습니다. 그러던 중 '하느님의 의'에 대한 새로운 깨달음이 머리를 강타하였습니다. 복음에 '하느님의 의'가 나타났다는 것은 심판하는 의가 아니라 예수 그리스도를 통해 우리를 의롭다고 여기시는 의이며, 이것은 하느님의 자비의 또 다른 표현임을 알게 되었습니다. 인간의 구원은 나 자신의 의가 아니라 예수 그리스도 안에 나타난 하느님의 의를 믿음으로써 주어지는 의를 통해 이루어진다고 깨닫게 되었습니다. 그 순간 나는 새로 태어나는 느낌이 들

예수의 사도이며 순교자였던 바울로

왜 루터는 종교 개혁을 일으켰을까?

었습니다. 마치 천국으로 향하는 문이 열리는 것과 같은 황홀감에 전율하였습니다.

  잠시 법정은 숨소리조차 들리지 않을 정도로 숙연해졌다. 방청객들은 마치 자신이 그 고통의 긴 터널을 빠져나온 듯 안도하는 것 같았다.

왜 루터는 종교 개혁을 일으켰을까?

「95개조 반박문」에는
어떤 내용이 담겼을까?

3

판사　피고의 신앙 고백이 길어진 듯합니다. 문제는 이러한 개인
적 깨달음이 어떻게 면죄부 판매에 대한 비판으로 이어졌느냐 하는
건데요, 그 부분을 설명해 주시겠습니까?

루터　나는 새로운 깨달음을 얻은 후 오랫동안 고민해 왔던 면죄
부 판매에 대해 신학적인 논쟁을 할 때가 되었다고 판단하였습니다.
그래서 나는 먼저 최대한 정중하게 쓴 개인적인 편지와 함께 면죄부
를 비판하는 「95개조 반박문」을 마인츠의 대주교 알브레
히트에게 보냈습니다. 그리고 그다음 날인 ▶1517년 10월
31일, 가톨릭교회의 모든 성인들을 기념하는 축일인 만성
절에 비텐베르크 성 교회 정문에 이 논제를 붙였습니다.
이것은 어떤 주제를 놓고 신학적인 토론을 벌일 때 흔히

교과서에는

▶ 1517년 독일의 수도사
루터는 「95개조 반박문」을
비텐베르크 성문에 내걸었
습니다.

하는 방법이었습니다.

판사　「95개조 반박문」 중 중요한 것을 소개해 줄 수 있습니까?

이대로 변호사　지금 피고는 육체적으로 피곤함을 느끼고 있습니다. 제가 대신 하려고 하는데, 괜찮겠습니까?

판사　그렇게 하십시오.

이대로 변호사는 미리 예상한 듯 「95개조 반박문」의 중요한 부분을 발췌해 온 차트를 펼쳐 보였다.

마르틴 루터의 면죄부에 대한 「95개조 반박문」 발췌문

제1항　우리 주님이요 스승이신 예수 그리스도가 "회개하라"(마 4:17)고 말씀하셨을 때, 그가 원했던 것은 믿는 자들의 삶 전체가 참회여야 한다는 것이다.

제2항　이 참회라는 말은 성례전으로서의 고해 성사, 즉 사제의 직무에 의해서 집행되는 회개나 면죄로 이해될 수 없다.

제8항　고해에 관한 제반 교회의 규정들은 단지 살아 있는 자들에게만 부과되며, 죽은 자들에게는 어떠한 효력도 갖지 못한다.

제21항　교황의 면죄부를 통해서 사람이 모든 형벌에서 자유롭게 되고 벗어나게 된다고 말하는 면죄부 설교자들은 잘못을 범하고 있다.

제27항 헌금궤에 돈이 떨어지는 소리가 나자마자 (연옥에서) 영혼
이 올라온다고 말하는 자들은 인간의 가르침을 선포하는
자들이다.

제36항 자기의 죄를 진실로 회개하는 그리스도인은 누구든지 면
죄부 없이도 형벌과 죄책으로부터 완전한 해방을 요구할
수 있다.

제43항 가난한 자를 구제하고 궁핍한 자에게 꾸어 주는 것은 면
죄부를 사는 것보다 더 나은 것임을 우리는 그리스도인
들에게 가르쳐야 한다.

제50항 만일 교황이 면죄부를 판매하는 설교자들에게 강압적인
방법을 원한다면, 그는 베드로 성당이 그의 양의 가죽과
살과 뼈로 세워지는 것보다 오히려 그것이 불에 타서 재
로 변하는 것을 보게 될 것이라는 것을 그리스도인들에
게 가르쳐야 한다.

제52항 교황의 대리인이나 그 자신이 면죄부를 걸고 사람들의
영혼을 보증한다고 해도 면죄부에 근거해서 구원을 기대
하는 것은 헛된 일이다.

제67항 면죄부 설교자가 특별한 은총이라고 떠벌리며 파는 면죄
부는 사실상 좋은 장삿거리가 되는 한에서 그렇다.

제68항 그와 같은 면죄부는 하느님의 은총과 십자가의 존엄성과
비교한다면 사실상 매우 보잘것없는 것이다.

제76항 우리는 교황의 면죄부는 아무리 작은 죄도 없이할 수 없다는 것을 주장한다.

제86항 오늘날 가장 큰 부자보다 더 부유한 교황이 지금 베드로 성당을 짓는데, 적어도 가난한 신자들의 돈으로 하기보다는 자신의 돈으로 해야 할 것이 아닌가?

제93항 십자가 없는 곳에서 "십자가, 십자가"하며 설교하는 모든 예언자들은 사라졌으면 좋겠다.

제95항 잘못된 영적 안정을 통하여 자신을 위안하기보다는 많은 고난을 통하여 하늘나라에 들어가는 것을 믿는 자들을 격려해야 한다.

차트를 훑어보던 김딴지 변호사가 갑자기 벌떡 일어나며 이의를 제기했다.

김딴지 변호사   판사님, 이것은 면죄부의 부정적 측면만 뽑아 놓은 것입니다. 면죄부의 긍정적 측면에 대해서는 일절 언급이 없습니다!

판사   유감스럽지만 오늘 예정된 재판 시간이 다 되어서 마지막으로 원고의 말을 듣고 마쳐야 할 것 같습니다. 원고는 진술하시겠습니까?

왜 루터는 종교 개혁을 일으켰을까?

갑자기 법정이 술렁이기 시작했다. 지상의 그리스도의 대리자가 이 법정에서 재판을 받는다는 것 자체가 사실 스캔들이었다. 원고석에서 지그시 눈을 감고 앉아 있던 교황이 일어서자, 방청객들은 그를 보기 위해 고개를 삐죽 내밀거나 아예 몸을 반쯤 일으키기도 했다.

레오 10세 교황으로서 이 자리에 선다는 것이 참으로 유감스럽습니다. 그러나 나의 지위가 아무리 높다 하더라도 인간으로서 역사공화국 세계사법정의 권위를 존중하기 때문에 이 자리에 섰습니다. 비록 이 법정에 서지만 분명하게 밝힐 것은, 역사의 재판은 온전한 것이 아니라는 점입니다. 인간에게는 하느님께서 행하시는 최후의 심판이 남아 있습니다. 그런 면에서 나는 이 재판에서 혹시 패한다 하더라도 개의치 않습니다.

이미 소장에서 나의 입장을 밝힌 만큼 더 이상 말하고 싶지는 않습니다. 그럼에도 거듭 말하지만, 나의 변호사가 말한 대로 면죄부 발행은 로마 교회법상 전혀 불법이 아닙니다. 나는 당시 실추되어 있던 교황과 교회의 권위를 세우기 위해 고심하던 중, 주님께서 교회의 반석으로 세우신 베드로를 기념하는 성당을 개축하고자 하였습니다. 나는 교황과 로마 교회의 권위는 이에 합당한 건축물로 드러나 보여야 한다고 생각합니다. 사람은 장엄한 건축물을 보면서 거룩함을 느끼기 때문입니다. 백 마디 설교보다 건물의 위용에 압도당하고 순종하게 되지요.

목양
양을 키운다는 의미로, 성서에서 민중을 '어린 양'이라고 비유한 것과 같은 맥락에서 사용된 말입니다.

　　면죄부도 성 베드로 대성당 건축도 신도들을 위한 **목양**적 차원에서 전혀 문제가 없습니다. 그들은 면죄부를 통해 위안을 얻고, 성당의 화려함과 위용에 자부심을 느낍니다. 다만 일부 기술적인 문제로 부작용이 있는 것은 인정합니다. 하지만 구더기 무서워 장을 담그지 못해서야 말이 됩니까? 큰일을 하다 보면 사소한 잘못은 따라오게 마련입

니다.

이대로 변호사   아니, 면죄부 판매의 문제점이 단지 일부 기술적인 문제라고요? 그리고 큰일을 하다 보면 사소한 잘못은 따라오게 마련이니 아무 문제가 없다고요? 교황으로서 그런 말을 아무 거리낌 없이 하다니요……. 아무리 교회의 전통과 법, 그리고 교황의 권위가 중요하다고 하더라도 성경 말씀 위에 설 수는 없습니다. 교회법상 불법이 아니라고 하지만, 성경 말씀에 분명하게 근거하지 않은 교회법은 그 자체가 불법일 따름입니다.

판사   자, 이야기가 길어질 것 같은데요. 오늘 재판은 이상으로 마치고 일주일 후에 다시 재판을 열기로 하겠습니다.

　땅, 땅, 땅!

성 베드로 대성당

　전 세계 로마 가톨릭의 중심지인 성 베드로 대성당(St. Peter's Basilica)은 349년에 콘스탄티누스 황제에 의해 예수의 수제자인 베드로의 묘지라고 여겨지는 곳에 세워졌고, 실베스테르 교황이 396년에 대성전으로 축성하였습니다. 그러나 그 이후 이민족의 침략과 약탈로 손상되고 파괴되어 옛 모습을 찾을 수 없게 되다, 마침내 1503년 교황 율리오 2세가 재건축을 하기로 결정하고 브라만테에게 설계를 맡겼습니다. 브라만테는 판테온의 돔 형태와 화려하고 아름다운 기둥을 도입하고자 하였습니다. 브라만테가 죽은 후 교황 레오 10세는 라파엘로와 상갈로의 줄리아노와 베로나의 조콘도 수사에게 콘스탄티누스의 기념 성당 구조를 되도록 살리는 선에서 공사를 진행하도록 하였습니다. 바로 이런 와중에 1517년 루터에 의해 종교 개혁이 일어났습니다. 1547년 교황 바오로 3세(재위 1534~1549)는 노년의 미켈란젤로를 주임 건축가로 임명해서 준공하고자 하였습니다. 미켈란젤로는 내부를 그리스식 십자가 형태로 재조정하였고, 대성당의 꽃인 돔을 현재의 모습대로 설계 변경하였습니다.

　그 후 우여곡절을 겪은 끝에 이 대성당의 마무리 작업은 잔 로렌초 베르니니(1598~1680)에게로 돌아갔습니다. 그는 성당의 내부가 조화롭게 어울리는 완벽한 아름다움을 창출하는 데 온 힘을 기울였습니다. 성당의 바닥을 대리석으로 아름답게 치장하고, 양쪽 회랑에 마련된 소성당(Capella)들의 장식을 붉

성 베드로 대성당의 모습

은색 기조의 천연 대리석으로 하여 더욱 아름답게 하였습니다. 바로크 시대 천재적인 조각가, 건축가로 평가받는 베르니니가 있음으로 해서 성당은 완전한 예술 작품이 되어 건축사에 길이 남게 되었습니다. 거의 120여 년에 걸쳐 지어진 성 베드로 대성당은 르네상스 시대와 바로크 시대의 수많은 예술가들의 창조적 열정의 결정체라고 할 만합니다. 대성당 내의 예술 작품 중 미켈란젤로의 〈피에타〉를 제외한 다른 주요 작품은 바로크 시대 이후의 산물입니다. 30만 명 이상 수용할 수 있는 거대한 성 베드로 광장의 중앙에 있는 오벨리스크는 성 베드로가 순교한 네로 경기장에서 가져온 것이라고 합니다.

다알지 기자

　　안녕하세요. 역사공화국 법정 뉴스의 다알
지 기자입니다. 이번 재판에서는 면죄부가 언
제부터 시작되어 어떻게 판매되었는지 중점적으로
짚어 볼 수 있었는데요. 그 과정에서 루터가 어떻게 수도사가 되고자
했는지도 함께 알아봤습니다. 종교 문제를 재판에 회부하는 것이 가능
한 것인가 하는 의문이 들지만, 면죄부 발행이 정당한 것이었는지, 종
교 개혁이 왜 일어나게 되었는지 정확하게 알아볼 필요가 있다는 역사
적 사명감을 띠고 카메라 앞에 섰습니다. 그럼 양측 변호사를 먼저 만
나 이야기를 들어 보겠습니다.

김딴지 변호사

　첫 번째 재판이니까 아직 뭐라고 단정할 수는 없겠지요. 이번 재판에서 피고 측이 너무 피고 개인의 신앙적인 측면을 내세우면서 쟁점이 모호하게 된 것 같아 불만입니다. 하지만 우리는 피고가 사실에 근거하지 않은 주장을 하였으며, 명백하게 교회법을 어겼다는 점을 부각시킬 것입니다. 루터의 「95개조 반박문」을 자세히 읽어 보면 그 밑바탕의 면죄부 자체에 대한 거부를 분명하게 알 수 있습니다. 더 나아가 피고는 단지 면죄부뿐만 아니라 교황을 위시한 로마 가톨릭교회 전반에 비판을 가하고 있습니다. 이러한 것들은 차차 밝혀지겠지요. 죄송합니다만, 오늘은 시간이 없어 이만하겠습니다.

이대로 변호사

　　이번 재판에서는 일단 피고 개인의 신앙의 진정성과 교회 개혁의 필요성을 각인시킨 것으로 충분하다고 봅니다. 앞으로 상대방 변호인이 교회법을 들어 피고의 불법성을 공격할 텐데, 우리는 기독교 신앙에서 교회법보다 더 중요한 권위인 성서를 바탕으로 방어하며 그들의 부당성을 폭로할 것입니다. 이것이 어디까지 나아갈 것인지는 다음 재판을 기대해 주십시오.

　　왜 루터는 종교 개혁을 일으켰을까?

종교 개혁은 어떻게 진행되었을까?

1. 종교 개혁이 확산된 이유는 무엇일까?
2. 교황을 그리스도의 대리자로 볼 수 있을까?
3. 성찬식과 세례는 어떤 의미를 가지고 있을까?

교과연계

세계사
V. 지역 세계의 팽창과 세계적 교역망의 형성
　3. 근대 유럽 세계의 갈등과 도약
　　(1) 르네상스와 종교 개혁

1

종교 개혁이 확산된 이유는 무엇일까?

　　두 번째 재판 날, 방청석을 메운 방청객들 가운데 몇몇이 전날의 재판에 관해 숙덕거리고 있다. 두 손을 맞잡고 눈을 감은 채 기도하는 사람도 있다. 그러고 보니 기독교인들이 많이 참석한 것 같은데, 한쪽에는 승복을 입은 스님도 보인다. 종교가 달라도 삶과 죽음에 대한 해답을 구하는 종교의 본질은 같기 때문일 것이다.

　　재판 첫날과 같은 긴장감은 없었다. 판사 역시 시시비비를 가리는 판관의 엄숙함보다는 호기심 어린 표정으로 재판의 시작을 알렸다.

판사　　지난번 재판에서 피고는 비텐베르크 성 교회 정문에 붙인 「95개조 반박문」이 토론을 위한 것이었다고 말했습니다. 토론이 정상적으로 진행되었습니까?

이대로 변호사 그에 대해서는 제가 말씀드리겠습니다. 거듭 말하지만, 피고는 처음부터 이 문제가 평화롭게 해결되기를 바랐습니다. 그래서 그는 「95개조 반박문」을 내걸기 하루 전에 마인츠의 대주교 알브레히트와 비텐베르크가 소속된 교구인 브란덴부르크 주교에게 이를 보냈던 것입니다. 그러나 그들은 공식적인 답변을 하지 않았습니다. 그사이 이 「95개조 반박문」은 전 독일로 신속하게 퍼져 나갔지요. 로마 시대에 전 제국에 도로망이 깔려 기독교 선교가 그토록 빨리 이루어질 수 있었던 것과 마찬가지로, ▶구텐베르크가 발명한 금속 활자 인쇄술 때문에 그토록 급속하게 대중적 관심을 끌게 되었던 것이지요.

판사 그러한 기술적인 이유 외에 피고의 「95개조 반박문」이 신속하게 퍼져 나갈 수 있었던 또 다른 이유는 없습니까?

이대로 변호사 사실 독일인들은 교황청을 주도하고 있는 이탈리아 사람들에게 좋은 감정을 가지고 있지 않았습니다. 그들은 독일, 정확히 말해 독일 민족의 신성 로마 제국을 마치 자신들의 금고 정도로 생각하였습니다. 부족한 재정을 독일인들의 헌금과 세금으로 충당하곤 하였습니다. 그래서 독일인들은 자신들의 불만을 문서로 정리하여 교황청에 호소하기도 하였어요. 면죄부와 로마 교회의 문제점을 제시한 「95개조 반박문」이 요원의 불길처럼 빨리 번져 나간 데는 이런 민족 감정도 작용했음을 부인할 수 없습니다.

가만히 듣고 있던 김딴지 변호사가 이때를 기다렸다는 듯이 치고 나왔다.

김딴지 변호사   판사님, 피고 측 변호인이 실토하듯이, 피고는 애초 부터 신학적 논쟁으로 해결하기보다는 대중적인 선동을 통해 교황 청을 압박하려고 한 것입니다.

     왜 루터는 종교 개혁을 일으켰을까?

이대로 변호사　　　이의 있습니다, 판사님. 원고 측 변호인은 있지도 않은 사실을 왜곡하고 있습니다. 문제를 확산시킨 것은 오히려 알브레히트 대주교입니다. 그는 이것을 로마 교황청으로 보내 피고에 대한 법적인 조치를 요구하였습니다. 로마에 있는 아우구스티누스 은자 수도회 총책임자는 우선 피고에 대해 소송을 걸기보다는 피고가 본래 의도한 대로 신학적인 토론을 통해 해결하고자 하였습니다. 그러나 모두 허사였습니다. 토론을 통해서 문제를 해결하기에는 이미 상대 측에서 너무 멀리 나갔습니다.

　작센의 완고한 도미니크 수도사들은 피고를 이단 혐의로 로마 교황청에 고발하였습니다. 존경하는 판사님도 잘 아시다시피, 바티칸은 자신들이 불리하다 싶으면 전가의 보물처럼 이단 척결을 들고 나오죠.

김딴지 변호사　　　존경하는 판사님, 피고 측 변호인은 지금 교황청을 모독하고 있습니다. 교황청은 신도들을 잘못된 가르침으로부터 보호할 책무가 있습니다. 교황청은 본인의 이야기를 직접 듣지 않은 상태에서 이단으로 정죄하지는 않습니다. 실제로 원고인 레오 10세 교황은 교황청 신학자들의 검토를 거쳐 1518년 8월 7일 피고에게 편지를 보내 60일 이내에 개인적으로 로마에 출두하여 본인이 범한 잘못과 이단 혐의에 대해 답변하도록 요구하였습니다. 그러나 피고는 비겁하게 선제후 프리드리히 현제 뒤에 숨어 나오지 않았습니다.

이대로 변호사　　　비겁하다니요? 교황청이 그런 말을 할 자격이 있습

도미니크
에스파냐의 가톨릭 성직자로, 1216년 교황의 허가를 받아 도미니크 수도회를 창설하였습니다.

이단
자기가 믿는 종교의 교리에 어긋나는 이론이나 행동을 말합니다.

전가
집안 대대로 전해져 내려오는 것을 말합니다.

척결
나쁜 부분이나 요소들을 깨끗이 없애 버리는 것입니다.

니까? ▶체코의 종교 개혁자 얀 후스에게 신변 안전을 보장한다고 약속해 놓고 콘스탄츠 공의회로 불러들인 뒤 화형시킨 사람들이 누구입니까? 어떻게 그런 사람들을 믿고 선뜻 로마에 갑니까?

김딴지 변호사   에……. 그것은 후스가 자신의 이단적인 주장을 굽히지 않았기 때문입니다.

이대로 변호사   바로 그 점이 문제입니다. 이단을 판단하는 기준이 오로지 교황과 바티칸에만 있다고 생각하니……. 어쨌든 피고는 로마에 가지는 않았지만 제국 의회가 열렸던 독일의 남부 도시 아우구스부르크에 가서 교황청 대사인 카예타누스에게 심문을 받았습니다. 심문은 카예타누스 추기경의 주관하에 1518년 10월 12일부터 14일까지 열렸지요. 추기경은 피고에게 세 가지를 요구하였습니다. 첫째, 자신의 오류를 인정하고 취소할 것, 둘째, 그것을 더 이상 전파하지 말 것, 그리고 마지막으로 교회의 평화에 해가 되는 모든 활동을 중지할 것이었습니다.

그러나 피고는 성서에 비추어 자신의 주장에 어떤 잘못이 있는지 알 수 없었습니다. 그는 자신의 주장 중에 성서에 반하는 부분이 있다면 그것을 지적해 달라고 말했습니다. 하지만 ▶▶추기경은 대답하지 않고 무조건 자신의 요구를 따르지 않는다면 교황청의 파문 조치를 피할 수 없을 것이라고 위협하였지요. 그러나 피고는 신앙의 양심상 그럴 수 없었습니다.

판사   그 일 이후로 곧바로 파문이 되었나요?

교과서에는

▶ 14세기 후반 영국의 위클리프와 보헤미아의 후스가 교회의 타락을 비판하고 개혁을 주장하는 데 앞장섰습니다.

▶▶ 교회는 루터에게 의견을 철회할 것을 명령하였지만 그는 거부하였고 결국 파문을 당하게 됩니다.

김딴지 변호사   존경하는 판사님, 로마 교황청은 그렇게 상식 없는 일을 하지 않습니다. 로마 교황청은 피고를 설득하기 위해 끝까지 최대한의 노력을 하였습니다. 교황님은 교황청 장관인 카를 폰 밀티츠를 피고와 그의 주군인 선제후 프리드리히 현제가 있는 비텐베르크로 파견하여 이 문제를 원만하게 해결하려고 하였습니다. 우리는 성의를 다했습니다.

이대로 변호사   현명하신 판사님, 교황이 작센 귀족 가문 출신의 교황청 장관인 카를 폰 밀티츠를 비텐베르크로 파견한 것은 딴 꿍꿍이가 있었기 때문입니다.

판사   딴 꿍꿍이라니요? 자세히 설명해 주시지요.

이대로 변호사   사실 교황은 피고 문제보다는 막시밀리안 황제가 서거한 뒤 누가 황제가 될 것인가에 더 관심이 많았습니다. 솔직히 말해 변방의 일개 수도사에 불과한 피고에게 뭐 그리 관심이 있었겠습니까?

이대로 변호사는 미안한 듯 잠시 루터를 바라보았으나 루터는 무덤덤한 표정이었다.

이대로 변호사   교황은 프랑스나 에스파냐의 왕이 이탈리아에서 자신보다 더 큰 영향력을 갖는 걸 원치 않았습니다. 따라서 황제 선출 권한을 가지고 있는 선제후 프리드리히 현제의 심기를 건드릴 수가 없었지요. 심지어 교황은 다른 대안이 없다면 프리드리히 현제가

왜 루터는 종교 개혁을 일으켰을까?

황제가 되는 것도 좋다는 생각까지 하였습니다. 선제후 프리드리히 현제는 당시 합스부르크 왕가에 맞설 수 있는 가장 강력한 제후였습니다. 교황은 부활절 전 셋째 주일에 덕망 있는 최고 인물이라는 표시로 주는 황금 장미를 밀티츠를 통해 선제후 프리드리히에게 전하고자 하였지요. 그런가 하면 교황은 선제후가 에스파냐 왕인 카를 5세(카롤루스 1세)가 황제로 등극하는 것을 막아 주기를 원했습니다. 그러한 교황의 뜻과는 달리 카를 5세는 1519년 7월 프랑크푸르트에서 황제로 선출되었습니다. 황제가 선출되던 날 라이프치히에서는 치열한 신학 논쟁이 벌어졌지요.

교황을 그리스도의 대리자로
볼 수 있을까?

판사   아, 그런 논쟁이 있었던가요? 누구와 논쟁하였나요?

이대로 변호사   당대 로마 가톨릭교회 최고의 신학자로 여겨지던 요한 에크 박사였습니다.

판사   논쟁의 주제가 뭐였지요?

김딴지 변호사   판사님, 그것에 대해서는 제가 이야기했으면 합니다. 피고 측 변호인은 항상 피고에게 유리한 쪽으로만 말하고 있으니까요.

이 말이 끝나자마자 방청석에서 누군가 중얼거리는 소리가 들렸다.

"원래 변호사는 그렇게 하는 거 아냐? 자기도 원고 측에 유리한 말만 하면서……."

이 말을 들은 주위 사람들의 키득거리는 소리가 고요한 법정의 공기를 흔들었다. 배심원들의 얼굴에도 소리 없는 웃음이 번졌다.

판사   아니, 법정 안이 왜 이렇게 술렁거립니까? 방청객들은 정숙해 주시기 바랍니다.

판사의 준엄한 말에 장내는 금방 조용해졌다. 잠시 멈칫하던 판사가 말을 이었다.

판사   라이프치히 논쟁에 대해서 말해 보시지요. 누가 하실 건가요? 참, 원고 측 변호인이 하기로 했지요.

김딴지 변호사   생각해 보니 나보다 여기 와 계신 에크 박사님을 증인으로 세워서 직접 듣는 것이 좋을 것 같습니다.

판사   좋습니다. 에크 박사는 증인석으로 나오시기 바랍니다.

에크 박사는 증인 선서를 한 뒤, 그 옛날 라이프치히 대학에서 벌였던 논쟁을 회상하듯이 눈을 지그시 감고 호흡을 가다듬었다.

판사   본인 소개부터 하시죠.

에크   나는 쾰른에서 신학 공부를 한 후 사제가

종교 개혁을 반대했던 요한 에크

되었고, 신학 박사 학위를 취득한 뒤 1510년 잉골슈타트 대학의 신학 교수가 되었습니다. 루터가 면죄부에 대해 비판하기 전에는 서로 편지를 주고받을 정도로 좋은 관계였는데, 면죄부 비판 이후 우리 두 사람 관계에 금이 가기 시작하였지요. 결국 우리는 논쟁의 자리에서 마주하게 되었습니다.

그 자리에는 루터만 참석한 것이 아니라 그의 동료인 카를슈타트와 멜란히톤도 참석하였어요. 토론은 1519년 6월 27일에 시작하여 7월 15일까지 장장 3주에 걸쳐 진행되었습니다. 처음에는 카를슈타트와, 나중에는 루터와 본격적으로 논쟁을 벌였습니다. 루터는 여기에서 돌아올 수 없는 강을 건너고 말았지요. 그는 무엄하게도 교황의 수위권(首位權)을 비판하였습니다. 교회는 성서의 증언대로 베드로의 후계자이자 지상의 그리스도의 대리자입니다. 이것은 오랜 전통이자 교회 역사가 증명하는 바입니다.

이대로 변호사   판사님, 이에 대해 피고의 의견을 듣도록 해 주십시오.

판사   좋습니다.

판사가 루터에게 말할 기회를 주자, 루터는 기다렸다는 듯이 벌떡 일어났다. 그의 말이 다소 격정적이라 다시 논쟁이 재연되는 듯한 착각이 들 정도였다.

루터   교황의 수위권은 성서에 근거하지도 않았고 하느님의 법

도 아닙니다. 교황에게 복종하는 것이 구원에 필수적이라는 주장도 인간이 만든 것에 불과합니다. 교황이 모든 다른 주교보다 우위에 있다는 교리는 기독교회가 생기고 수백 년이 지난 후에야 만들어진 로마 교회의 주장에 불과합니다. 동방 교회는 처음부터 이러한 주장을 인정하지 않았습니다. 그들은 지금도 교황은 로마 주교에 불과하다고 봅니다.

에크　　루터의 이런 주장은 전혀 새로운 것이 아닙니다. 이미 위클리프나 후스가 교회 제도가 지닌 신적인 권위를 경멸하여 주장한 바 있으며, 이들은 거룩한 공의회에 의해 이단으로 판정되었습니다. 루터는 지금 이미 이단으로 판정받은 주장을 반복하고 있습니다. 이것만으로도 그의 범죄 사실은 명백한 것입니다.

루터　　에크는 단지 전통과 교회법에 근거하여 자신의 주장을 정당화하고 있습니다. 콘스탄츠 공의회가 후스를 이단으로 단정한 것은 잘못이었습니다. 그의 사상 속에는 복음적인 것이 많습니다.

에크　　보십시오, 존경하는 판사님. 루터는 지금 이단자를 옹호하고 있습니다. 그리고 그는 거룩한 공의회의 결정을 부정하고 있습니다. 교황과 공의회의 결정과 그 권위를 부정한다면 도대체 우리의 신앙의 권위를 어디에 두어야 합니까? 그는 기독교 신앙의 토대를 허물고 있습니다.

루터　　기독교 신앙의 토대를 허무는 것이 아닙니다. 올바른 토대 위에 세우고자 하는 것입니다. 그 올바른 토대란 오직 하느님의 말쓰인 성서뿐입니다. 성서에 근거하지 않은 모든 주장은 인간이 만든 것에 불과합니다.

에크　좋습니다. 우리가 주장하는 교황의 수위권은 단지 전통이나 법에 근거하는 것이 아니라 성서에 근거하고 있습니다. 마태복음 16장 18~19절에 있는 말씀, 즉 "너는 베드로라, 내가 이 반석 위에 내 교회를 세우리니 음부의 권세가 이기지 못하리라. 내가 천국의 열쇠를 네게 주리니 네가 땅에서 무엇이든지 매면 하늘에서도 매일 것이요, 땅에서 무엇이든지 풀면 하늘에서도 풀리리라" 한 걸 보십시오. 이 말이 베드로의 후계자로서의 교황에게 특별한 권한을 준 것이 아니고 무엇이겠습니까?

루터　그 말씀은 베드로라는 한 인물에게 주신 것이 아니라 전체교회, 즉 세례와 믿음을 통하여 그리스도와 연합된 모든 교회에게 주신 것입니다. 교회의 머리는 오직 예수 그리스도뿐이며, 교회의 모든 권한은 근본적으로 그로부터 나올 뿐입니다.

판사　자, 이 문제는 여기서 일단락합시다. 예측은 하였지만, 역시 종교적 논쟁이란 어렵게 느껴지는군요. 증인과 피고는 제자리에 앉아 주시기 바랍니다. 이 논쟁으로 문제가 해결된 것은 아니겠지요? 결국 피고에게 파문이 내려졌나요?

이대로 변호사　앞서 말했다시피, 교황이 작센 선제후의 신경을 거슬리지 않기 위해 피고 문제를 신중하게 다룬 것은 황제 선출 문제 때문이었습니다. 자신의 염원과 달리 카를 5세가 황제로 선출되자, 이제 교황은 더 이상 머뭇거리지 않았습니다.

에크는 라이프치히 논쟁 직후 교황에게 서신을 보내 피고를 이단자로 처리할 것을 권했습니다. 교황청은 실제로 1519년 12월 선제후에게 편지를 보내 피고에게 아무런 조치를 취하지 않으면 해당 지역의 교권을 정지시키겠다고 위협하였습니다. 그러나 선제후는 차기 제국 의회에서 피고를 심문하자고 한 자신과 트리어 대주교 사이의 협약을 상기시키면서 자신의 주장을 굽히지 않았어요.

에크의 주도로 마침내 1520년 6월 15일 피고에 대한 교서인 「주여, 일어나소서!」가 작성되었습니다. 이것은 파문 교서는 아니었어요. 피고가 자신의 입장을 취소하지 않으면 파문하겠다는 위협 교서였지요. 그 내용 중 일부는 이렇습니다.

"오, 주여! 일어나소서. 당신의 소송 사건을 심판하소서. 한 마리의 멧돼지가 당신의 포도원에 침입하였나이다. 오, 베드로여! 당신의 피로 성별된 모든 교회의 어머니 되는 거룩한 로마 교회의 형편을 살피소서. 오, 바울로여! 당신의 가르침과 죽음으로 이 교회를 밝히셨으며 지금도 밝히시는 분이여! 모든 성자들이여! 그리고 세계의 모든 교회들이여! 이 교회의 성경 해석이 공격을 받고 있나이다. 우리는 그 옛날 여러 이단이 오늘날 독일 땅에서 다시 살아나는 것을 보고 슬픔을 금할 수 없나이다.

우리가 이처럼 상심하는 것은 독일이 끊임없이 이단 박멸에 앞장서 왔기 때문이다. 우리의 목회 사역에 비추어 볼 때 다음의 41개 오류의 독소를 더 이상 용납할 수 없다…….

우리는 그 뱀이 주님의 포도원에 기어 다니는 것을 도저히 참을 수 없도다. 이단 사상이 들어 있는 루터의 책들은 조사하여 불태워야 한다. 괘씸하도다. 마르틴 루터에게 잘못을 취소하도록 우리가 아버지 같은 사랑으로 본분을 다하지 못한 적이 있는가? 우리는 그에게 안전 통행권과 여행 경비를 제공하지 않았던가? 그리고 우리의 선임자 비오 2세와 율리오 2세가 공의회를 열도록 호소하는 것을 이단으로 간주하였음에도, 그는 뻔뻔스럽게도 공의회를 열자고 주장하는도다. 우리는 루터가 우리에게 복종하도록 이 교서가 그의 지역에서 선포되는 날로부터 60일의 시간을 주노라. 누구든지 우리의 파문과 저주를 어기면 전능하신 하느님과 사도 베드로와 바울로의 진노를 살 것이다."

판사   피고는 이러한 위협 교서에 굴복하지 않았겠지요?

이대로 변호사   물론입니다. 피고는 하느님의 말씀과 양심에 반하는 일에는 추호도 타협하지 않았습니다. 그는 라이프치히 논쟁이 끝난 후 오히려 자신의 주장을 더욱 첨예하게 가다듬어 문서로 출판하였습니다. 피고는 이러한 문서들을 통해 자신의 개혁 사상을 분명하게 제시하였습니다.

판사   어떤 문서들이 있습니까?

이대로 변호사   소위 종교 개혁 3대 문서라고 일컬어지는 『독일 그리스도인 귀족들에게』, 『교회의 바벨론 포로』, 『그리스도인의 자유』가 대표적입니다.

판사　책의 내용을 간략하게 요약해 주시겠습니까?

이대로 변호사　사실 저도 이 재판을 준비하면서 많이 배웠습니다. 제가 대답할 수 있는 것은 제가 하고, 제가 하기 힘든 주제는 피고가 직접 대답하도록 하겠습니다. 아무래도 저자 직강하는 것이 더 정확하고 권위가 있을 테니까요.

먼저 1520년 6월에 쓴『독일 그리스도인 귀족들에게』에 대해 설명하죠. 아니, 이 문서를 설명하기 전에 중요한 문서 하나를 언급해야겠습니다.

판사   그것이 무엇이죠?

이대로 변호사   『독일 민족의 불만들』이라는 문서입니다. 사실 독일 민족은 피고가 종교 개혁의 기치를 들기 전에도 로마 교황청에 대해 불만이 많았습니다. 15세기 후반 이후 독일 귀족들은 이 문서를 통해 시정을 바라는 요구 사항을 교황청에 제시하였습니다. 이 문서는 황제 막시밀리안 1세 때에도 1510년과 1518년에 아우구스부르크 제국 의회에서 논의되었습니다.

독일 귀족들은 세 가지 불만을 분명하게 지적하였습니다. 첫째는 교황청이 제국 내의 교회 고위직을 독점하여 분명하지 않은 사안을 로마에 유리하게 해석한다는 것이며, 둘째로, 여러 가지 이유를 들어 세금과 헌금을 거두어들여 로마로 가져간다는 것이고, 셋째는 제국 내의 교회 문제를 로마로 넘겨 납득할 수 없는 방식으로 해결한다는 것이었습니다.

그 당시 에스파냐, 프랑스, 영국은 강력한 중앙 집권적인 왕권을 바탕으로 로마로부터 상당히 자유로운 국가 교회적인 발전을 이룩한 반면, 독일 제국은 언제나 교황청에 밀려 성직 임명, 재정과 사법 영역에서 제대로 국가적 이익을 관철시키지 못하였습니다. ▶독일 민족의 이해와 그들의 명예는 늘 교황청에 의해 무시되었지요. 그래서 독일 민족의 교황청에 대한 불만은 폭발 일보 직전이었어요. 피고의 「95개조 반박문」은 바로 이러한 불만의 뇌관을 건드린 것이죠.

김딴지 변호사   잠깐만요. 바로 그 점이 피고의 비열한 측

교과서에는

▶ 로마 교황청의 간섭에 불만이 많았던 독일의 많은 제후들과 경건한 마음으로 신앙 생활을 하던 농민들은 루터의 주장을 지지했습니다.

면이지요. 종교적인 문제를 민족 감정을 건드려 해결하려 드는 수법이야말로 수도사가 할 일이 아니지요.

이대로 변호사   비열하다니요? 그 불만은 피고가 만든 것도 아니고, 당시 독일 민족이면 누구나 품고 있던 것입니다. 그리고 그 당시의 모순은 종교와 정치가 한데 얽혀 발생한 것이었어요. 종교와 정치는 구별은 되지만 분리될 수 없는 것이었지요. 솔직히 말해서 교황청이 독일을 만만히 본 것이 아닙니까? 교황청도 에스파냐나 프랑스나 영국처럼 왕권이 강력한 나라들은 함부로 대하지 않았지 않습니까?

판사   자, 신경전은 그만하시고 본론으로 들어가시죠. 피고 측 변호인은 『독일 그리스도인 귀족들에게』란 문서에 대해 설명해 주세요.

이대로 변호사   네. 이 문서에서 피고는 먼저 그리스도인이면서 동시에 힘 있는 세속적 지도자인 독일 제국의 왕, 선제후, 그리고 귀족들이 교회 개혁 차원에서 로마라는 악한에게 대항해야 한다고 주장하였습니다. 왜냐하면 교회의 고위 성직자들은 교회 개혁, 더 나아가 범기독교 개혁과 관련한 어떠한 행동도 하지 않을 것이라고 보았기 때문입니다. 그들은 기득권이 보장되는 한 굳이 개혁에 나설 필요가 없었으니까요. 피고가 생각한 개혁은 로마 교황청이 구축한 부당한 세 개의 장벽을 깨부수는 것이었습니다. 교황청은 이 벽을 통해 교회 개혁을 원천적으로 봉쇄하고 있었어요.

판사   세 개의 장벽이란 무엇이죠?

이대로 변호사 ▶첫 번째 장벽은 성직자와 평신도를 구분하여 영적 권한을 가진 성직자 계급이 일방적으로 우위에 있다는 것입니다. 그러나 피고는 세례, 복음, 그리고 신앙은 모든 그리스도인들을 동일하고 참된 영적 신분을 가진 자로 만든다고 말합니다. 베드로전서 2장

<종교 개혁 3대 문서>

『독일 그리스도인 귀족들에게』

『교회의 바벨론 포로』

『그리스도인의 자유』

종교 개혁과 큰 연관이 있는 세 문서입니다. 피고는 로마 교황청이 부당하게 만들어 놓은 장벽을 깨부수고 교회를 개혁해야 한다고 주장했지요.

사역

사람을 부리어 일을 시키는 것
또는 시킴을 받아 어떤 작업을
하는 것을 말합니다.

9절에는 다음과 같은 말씀이 있습니다. "너희는 택하신 족속이요, 왕 같은 제사장들이요, 거룩한 나라요, 그의 소유가 된 백성이니, 이는 너희를 어두운 데서 불러내어 그의 기이한 빛에 들어가게 하신 이의 아름다운 덕을 선포하게 하려 하심이라." 이 말씀에 따르면 그리스도의 몸을 이루고 있는 모든 지체는 제사장과 같은 권한을 가지고 있습니다. 교회의 직분이라는 것은 모두가 가지고 있는 이러한 권한을 공적으로 수행할 수 있도록 위임한 것입니다. 피고는 교회의 최고 책임자들이 오류를 시정하지 못할 때, 세례 받은 그리스도인으로서의 세속적 권력자가 교회의 오류를 시정할 권한과 의무가 있음을 역설하였습니다.

김딴지 변호사　이는 피고가 지상에서 그리스도의 사역을 대신하고 있는 교황에게 대항하라고 세속 권력자들을 선동한 것입니다!

이대로 변호사　선동이 아니라, 교황이나 교회 지도자들이 개혁 의지나 능력이 없을 때 차선책으로 택할 수밖에 없는 불가피한 조치이지요. 교황 스스로 개혁한다면 세속의 권력자들이 나설 필요가 없겠지요. 분명히 할 점은, 세속의 권력자 역시 그리스도인으로서, 만인제사장 입장에서 개혁을 추진할 마땅한 권한이 있다는 것입니다.

김딴지 변호사　판사님, 이의 있습니다.

판사　원고 측 변호인, 자꾸 이야기의 흐름을 끊지 마세요. 피고 측 변호인은 계속 설명하십시오. 그럼 두 번째 장벽은 무엇입니까?

이대로 변호사　교황만이 참된 성서 해석을 최종적으로 결정할 수 있다는 주장입니다. 이에 대해 피고는, 모든 그리스도인은 성령을 통해 교황도 모를 수 있는 올바른 성서 해석을 할 수 있다고 말합니다. 그는 전통이나 교황의 직권이 성서를 올바로 해석하는 것이 아니라, "성서는 바로 그 자신의 해석자"라고 주장하였지요.

판사 성서가 스스로를 해석한다는 말입니까? 어렵군요. 어쨌든 그렇다 치고, 세 번째 장벽은 무엇입니까?

이대로 변호사 오직 교황만이 공의회를 소집할 수 있고, 공의회의 결정은 교황의 확증을 통해서만 효력이 발생한다는 주장입니다. 이에 대해 피고는 교황은 수위권을 내세워 공의회를 통한 교황청의 개혁을 방해했다고 주장하였습니다.

판사 그렇다면 피고가 제기한 로마 가톨릭교회 개혁의 구체적인 내용으로는 어떤 것들이 있습니까?

이대로 변호사 피고는 먼저 교황의 세속적 권력과 사치, 제후 대접을 해야 하는 수많은 추기경들, 그리고 지나치게 많은 직원을 거느리고 있는 과도한 교황청 조직을 개혁해야 한다고 주장하였습니다. 그리고 교회법 남용과 죽은 영혼을 위한 과도한 미사, 수많은 걸식 수도원들, 수많은 성인 축제들, 혼인의 권리에 대한 지나친 간섭과 다른 제반 영역에서의 교황권의 남용 등이 개혁의 대상이었습니다.

김딴지 변호사 존경하는 판사님, 피고가 주장하는 개혁의 내용은 전혀 새로운 것들이 아닙니다. 이전에도 이단들이 주장했던 바인데, 이들은 단지 부정적인 모습만 부각시키고 있습니다. 오래된 나무치고 벌레 먹은 자국이나 흉터가 없는 것이 있습니까? 양지가 있으면

미사
가톨릭에서 예수의 최후의 만찬을 기념하여 행하는 제사 의식으로 가톨릭교회에서 가장 중심이 되는 의식입니다.

음지가 있고, 산이 높으면 골짜기가 깊어지기 마련이지요.

판사   그런 상투적 주장은 재판 결과에 영향을 끼치지 못합니다. 오늘 재판에서는 피고의 개혁 사상을 정확하게 이해하는 것이 중요하다고 봅니다. 그런 연후에 시시비비를 가릴 수 있지요.

피고 측 변호인은 다음 문서에 대해서도 설명해 주시죠.

3

성찬식과 세례는
어떤 의미를 가지고 있을까?

이대로 변호사   네, 『교회의 바벨론 포로』란 문서에 대해서 말씀드리지요.

판사   '바벨론 포로'라뇨? 바벨론이라면 지금은 사라져 버린 고대 국가의 이름 아닙니까? 어떻게 교회가 바벨론의 포로가 됩니까?

이대로 변호사   옛날에 이스라엘 백성이 바벨론에 포로로 끌려가 종살이를 하였듯이, 오늘날 기독교인들이 로마 교회라는 또 다른 바벨론에 속박되어 있음을 상징하는 것이지요.

판사   로마 교회가 어떻게 신자들을 속박한다는 건가요?

이대로 변호사   피고는 이 문서에서 로마 교회의 전통적인 일곱 가지 성례 혹은 성사를 비판하였습니다. 로마 교회가 성사의 효력을 객관적인 거룩한 교회와 사제의 권위에 둠으로써 신자들을 속박한다고 본 것이죠. 피고는 성사를 성사답게 만드는 것은 오직 하느님의 말씀과 신자 개개인의 믿음뿐이라고 주장했습니다. 그는 성서에 근거하여 인정할 수 있는 성사는 세례와 성만찬이라고 보았습니다.

판사   나머지 다섯 가지 성사는 무엇입니까?

이대로 변호사   고해·혼인·신품·견진·병자 성사입니다. 고해 성사는 앞에서 면죄부와 관련하여 말씀드렸고, 혼인 성사는 말 그대로 결혼을 성사로 보아 교회의 인정을 받아야 했습니다. 신품 성사는 사제가 되는 의식이며, 견진 성사는 세례 후 성령의 도움으로 신앙을 더욱 견고하게 하고자 주교가 집례하는 의식으로 개신교의 입교식에 해당됩니다. 그리고 병자 성사는 병자나 죽음을 앞둔 신자에게 기름을 바르는 의식이지요.

판사   그 성사들이 어떻게 신자들을 속박한 겁니까?

이대로 변호사   먼저 성만찬에 대해서 살펴보지요. 성만찬은 원래 예수님이 제자들과 가졌던 최후의 만찬에서 유래합니다.

자신의 죽음이 임박해 옴을 아신 예수님은 제자들과 함께 마지막 만찬을 나누었습니다. 이때가 유월절 전날이라고도 하고 유월절 당일이라고도 하는데 정확하지는 않습니다. 다만 유월절 분위기 속에서 이루어진 것은 분명하지요. 아시다시피 유월절은 옛날에 이집트에서 종살이 할 때 하느님께서 구원하신 날을 기념하는 유대인의 최대 명절 아닙니까? 그때 예수님은 제자들과 식사하는 도중에 의미

심장한 행동과 말씀을 하셨습니다. 성경 한 구절을 읽어 보도록 하
지요.

이대로 변호사는 언제 준비하였는지 성경책을 펴더니 해당 부분
을 찾아 읽었다.

이대로 변호사 "내가 너희에게 전한 것은 주께 받은 것이니, 곧 주

방증

사실을 직접 증명할 수 있는 증거가 되지는 않지만, 주변의 상황을 밝힘으로써 간접적으로 증명에 도움을 주는 것을 가리킵니다.

께서 잡히시던 밤에 떡을 가지사 축사하시고 떼어 이르시되 이것은 너희를 위하는 내 몸이니 이것을 행하여 나를 기념하라 하시고, 식후에 또한 그와 같이 잔을 가지시고 이르시되, 이 잔은 내 피로 세운 새 언약이니 이것을 행하여 마실 때마다 나를 기념하라 하셨으니, 너희가 이 떡을 먹으며 이 잔을 마실 때마다 주의 죽으심을 그가 오실 때까지 전하는 것이니라."(고린도전서 11장 23~26절)

여기에서 분명하게 보듯이 예수님은 제자들에게 빵과 포도주를 모두 주셨습니다. 이에 따라 로마 가톨릭교회에서도 처음에는 성찬식에서 신자들에게 빵과 포도주를 모두 주었습니다. 그런데 중세 후기부터 평신도에게는 포도주는 빼고 빵만 배분하기 시작하였습니다. 이것은 성경의 가르침과는 분명 배치되는 것이었지요. 이에 대해 체코의 종교 개혁자 얀 후스는 "이제까지 포도주를 배분하지 않은 사제들은 도적들"이라고 비판하였습니다.

김딴지 변호사　아니, 뭐라고요? 하느님이 세우신 거룩한 사제들에게 도적들이라뇨? 이것은 명백한 신성 모독입니다. 정말 참을 수 없는 망언이에요. 이단자 후스의 말을 근거로 들이대는 것은 스스로 이단자임을 방증하는 것입니다. 판사님, 이단자들의 주장을 더 이상 들을 필요가 없습니다.

판사　원고 측 변호인은 침착하세요. 우리 역사공화국 법정은 중세의 무시무시한 종교 재판소가 아닙니다. 그런데 왜 신자들에게 빵만 주고 포도주는 주지 않은 겁니까?

김딴지 변호사　　성찬식에서 빵과 포도주는 예수님의 살과 피입니다. 그 소중한 것을 다수의 신자들에게 배분할 때 기술상의 문제가 있습니다. 특히 무지하고 부주의한 신자들은 그것을 받을 때 흘릴 위험이 있습니다. 그러면 어찌 되겠습니까?

이대로 변호사　　판사님, 그것은 표면적인 이유에 불과합니다. 실제로는 성직자들과 일반 평신도를 구별하여 자신들의 권위를 높이기 위한 술책이었어요. 그리고 보다 중요한 문제가 있습니다. 그들이 주장하는 소위 화체설(化體說)이지요.

판사　　그건 또 무엇입니까? 자세히 설명해 주시죠.

이대로 변호사　　좀 복잡한 신학 이론입니다. 아니 복잡하다기보다는 신비한 주장인데요, 성찬식에서 사제들이 축성한 빵과 포도주는 실제로 예수님의 피와 살로 변한다는 것입니다. 실체적으로 변한다는 것이죠. 단, 서품을 받은 사제들이 집례한 성찬식에서만 그리 된다는…….

판사　　너무 미신 아닌가요?

김딴지 변호사　　아니, 판사님도 어느새 이단 사상에 물드셨습니까? 미신이 아니라 신앙의 신비입니다.

이대로 변호사　　말씀을 삼가세요. 판사님에게 그렇게 불경하게 말씀하시다니…….

판사　　김 변호사, 다시 한 번 주의를 줍니다. 여기는 역사공화국 법정이지 종교 재판소가 아니라고요.

축성
사람이나 물건을 하느님에게 봉헌하여 거룩하게 하는 일입니다.

김딴지 변호사　　죄송합니다. 본의 아니게 판사님께 실례했습니다. 사실 우리 로마 가톨릭교회만 신비한 주장을 하는 것은 아닙니다. 피고 자신도 신비한 주장을 하기는 매한가지이지요.

뭔가 억울하다는 듯한 김딴지 변호사의 말에 판사는 흥미롭다는 표정으로 이대로 변호사를 향해 물었다.

판사　　제가 판사석에 앉아 있을 뿐이지 마치 대학 세미나실에서 수업을 받는 것 같군요. 피고가 어떤 주장을 한 겁니까?

이대로 변호사　　그 부분은 직접 피고의 설명을 듣는 것이 좋겠습니다.

판사　　그도 그렇겠군요.

루터는 시종 만족스러운 표정으로 이대로 변호사의 변론을 듣고 있었다. 굳이 자신이 나서지 않아도 될 것 같았지만, 판사가 부르자 자리에서 일어나 진술하였다.

루터　　성찬식에서 중요한 것은 빵과 포도주가 아니라 예수님이 하신 말씀입니다. 앞서 이대로 변호사가 읽어 드린 바로 그 말씀 말이지요. 성찬식에서 빵과 포도주가 실체적으로 예수님의 살과 피로 변하는 것이 아니라, 빵과 포도주는 그대로이나 말씀이 그것에 함께하므로, 눈으로는 볼 수 없으나 부활하신 그리스도의 몸과 피가 거기에 실제로 함께한다는 것이지요. 성찬식에 부활하신 그리스도의 몸

과 피가 있기 위하여 빵과 포도주가 실체적으로 변할 필요
는 없으며, 두 가지 다 있는 그대로 동시에 존재할 수 있는
것이지요.

편재
널리 퍼져 있음을 말합니다.

판사　　이성적으로 이해하기 어렵군요. 빵과 포도주는 예수님의 살
과 피를 상징하는 것 아닙니까? 어떻게 빵과 포도주에 부활하신 예
수님의 피와 살이 실제로 공존할 수 있습니까?

루터　　하느님의 말씀을 이성으로 재단할 수는 없습니다. 예수님
께서 "이것은 나의 몸이다" 하면 몸인 것이지, 이것을 단순히 상징으
로 본다면 하느님의 말씀을 인간의 경험이나 이성에 종속시키는 결
과를 가져옵니다. 만일 그렇다면 '예수님은 인간이면서 신이다'라는
믿음도 성립할 수 없습니다. 부활하신 그리스도는 인간이 이해할 수
없는 방식으로 하느님과 더불어 모든 만물에 편재하시는데 성찬식
에 임재하지 못할 이유가 없습니다. 역시 이것은 믿음의 문제로 볼
수 있겠지요.

　　루터의 말을 잠자코 들으면서 논리적 허점을 노리고 있던 김딴지
변호사가 이때다 하고 날카롭게 질문했다.

김딴지 변호사　　모든 것이 믿음의 문제로 귀착된다면, 로마 가톨릭
에서 말하는 화체설도 결국 믿음의 문제라고 보아야겠지요?

이대로 변호사　　판사님, 원고 측 변호인은 지금 말꼬리를 잡으며 본
질을 호도하고 있습니다. 믿음이라고 해서 다 같은 믿음이 아닙니

호도

풀을 바른다는 뜻으로, 명확하게 결말을 내지 않고 일시적으로 감추거나 흐지부지 덮어 버림을 비유적으로 이르는 말입니다.

다. 성서에 기초한 믿음이어야 참된 믿음입니다. 이 문제는 이 정도로 하고, 로마 가톨릭교회에서 성만찬을 집례할 때 생기는 또 다른 문제점들을 지적하도록 하지요.

판사 좋습니다. 그 문제점이란 무엇입니까?

이대로 변호사 제가 대답하겠습니다. 문제는 무엇보다 사제들이 성찬식을 집례할 때 라틴 어를 사용한다는 점입니다. 참여자가 이해할 수 없는 언어로 수행하는 것은 성례전을 왜곡하는 것이지요. 이것은 성직자들의 권위를 세우기 위한 또 다른 장벽이라고 할 수 있습니다.

김딴지 변호사 거룩한 성사는 거룩한 언어인 라틴 어로 하는 것이 당연합니다. 로마 가톨릭교회가 라틴 어 성서를 최고의 권위로 생각하는 것과 마찬가지이지요.

이대로 변호사 그러나 읽지 못하고 듣지 못하는 언어가 무슨 소용이 있습니까. 일반 신도들에게는 그들이 이해할 수 있는 독일어를 사용해야 한다고 피고는 주장했던 것입니다. 그리고 또 다른 문제점은, 로마 가톨릭교회가 성찬식을 희생 제사로 여긴다는 것입니다. 로마 교회는 미사를 십자가를 지신 그리스도의 희생을 반복하는 것으로 이해합니다. 그러나 피고는 그리스도께서 우리 죄를 용서하기 위해 유일하고도 영원한 산 제물이 되셨으므로 더 이상 반복적인 제사는 필요 없다고 주장하였지요. 더욱이 미사가 개인의 공적을 쌓는 수단이 될 수 없으며 오직 믿음을 통해 하느님의 은총과 용서를 받을 뿐이라고 했습니다.

판사 　성찬식 이야기는 이 정도로 하고, 피고가 성서에 근거한 것
으로 인정한 또 다른 성사인 세례에 대해서 말씀해 보시지요.

이대로 변호사 　판사님도 기억하고 계셨군요. 피고가 성서에 근거
한 성사로 인정한 것이 성찬식과 세례라는 것을 제가 앞서 말씀드렸
습니다. 기독교 세례의 기원은 세례 요한이 요단 강에서 세례를 베
푼 데서 유래합니다. 예수님도 그때 요한에게 세례를 받으셨죠.

판사　아니, 예수님도 세례를 받으셨나요? 예수님도 죄가 있으셨나요? 요한은 회개를 촉구하며 세례를 베풀지 않았습니까?

이대로 변호사　맞습니다. 그래서 세례를 베풀던 요한도 예수님이 자신에게 세례를 받으려고 다가오자 당황하여 말했습니다. "내가 당신에게 세례를 받아야 할 터인데 당신이 내게로 오십니까?" 그러자 예수님은 "이제 허락하라. 우리가 이와 같이 하여 모든 의를 이루는 것이 합당하다"라고 말씀하셨습니다. 예수님은 죄가 없는 분이지만 이 세상의 죄인들 속으로 들어와 하느님의 뜻을 이루려는 의도에서 세례를 받으신 겁니다.

판사　그렇다면 요한이 베푼 세례와 기독교에서 베푸는 세례가 같은 것입니까?

이대로 변호사　같은 점도 있고 다른 점도 있습니다. 초기 기독교 공동체는 세례 요한의 선포가 예수 안에서 성취되었다고 믿었습니다. 그래서 요한의 세례를 넘겨받았지요. 그러나 내용에서는 차이가 있어요. 초기 기독교 공동체는 세례를 통해 예수의 구원 사건이 현재화된다고 믿은 데 반해, 요한의 세례는 예수가 이룩한 구원을 위한 예비적 단계라고 볼 수 있지요.

판사　이제 본격적으로 피고의 세례에 대한 견해를 들어 보죠. 이번에도 피고가 직접 설명해 주셨으면 하는데요.

　　이대로 변호사는 잠시 머뭇거렸다. 좀 전에 김딴지 변호사가 루터의 말꼬리를 잡은 것이 마음에 걸렸다. 원고 측에 빌미를 주지 않기

위해 자신이 말하는 것이 더 안전하지 않을까 하는 변호
사로서의 직업적 판단이 작동하였다. 그러나 판사의 요구
를 무시하자니 그도 부담스러웠다. 이대로 변호사가 망설
이며 루터를 바라보자, 그의 마음을 읽었는지 루터가 선뜻
자리에서 일어섰다.

루터   인간은 그리스도의 공로로 인해 세례를 통하여
죄를 용서받고 새로운 존재로 거듭납니다. 비록 원죄의 힘이 세례
받은 자에게서 완전히 파괴되거나 제거되지는 않더라도, 세례를 통
해 주어진 하느님의 약속을 파기할 수는 없습니다. 기독교인들은 단
한 번 세례를 받지만, 믿음의 회개를 통하여 세례를 통해 주신 객관
적으로 적용되는 하느님의 약속으로 언제든 새로이 복귀할 수 있습
니다.

판사   그럼 스스로 믿음이나 신앙 고백을 갖지 못하는 유아에게
행하는 세례에 대해서는 어떻게 생각합니까?

루터   저는 유아 세례를 인정합니다. 하느님의 약속은 믿음을 통
해서 주어지는데, 유아가 세례 받을 때의 믿음은 그를 데려오는 부
모들의 '믿음'입니다. 유아는 교회의 기도와 부모와 대부모의 기도
로 부어지는 믿음을 통해 의롭게 되지요. 인간적인 공적이나 행위는
세례 조건이 아니며, 세례의 유효성은 세례 받는 자의 긍정에 있는
것이 아니라 그에 대한 하느님의 긍정에 있습니다.

판사   믿음이 적은 나 같은 사람으로선 이해하기 쉽지 않군요. 이

제 성사 이야기를 마무리 짓겠습니다. 원고 측 변호인, 하실 말씀이 있습니까?

김딴지 변호사   로마 가톨릭교회에서 은총의 수단으로 확정한 일곱 가지 성사는 그리스도인의 삶을 단계마다 규정하는 중요한 성례입니다. 피렌체 공의회는 이를 다음과 같이 규정하였지요. "우리는 세례를 통하여 영적으로 거듭나고, 견신례를 통하여 은혜 안에서 자라고 신앙이 강화된다. 그리고 거듭나고 강해진 우리는 성만찬의 신적인 음식에 의해 지탱된다. 만약 우리가 죄로 인하여 영혼에 병을 얻으면 고해 성사에 의해 치유되고, 도유(병자) 성사에 의해 영육 간에 건강을 얻는다. 신품 성사를 통하여 교회가 통치되고 영적으로 성장하며, 혼인 성사를 통하여 교회는 물리적으로 성장한다." 달랑 세례와 성만찬을 성사로 규정하는 피고 측 주장은 전체적인 구원 이해의 틀을 깨는 아주 위험한 발상이며, 이것을 로마 가톨릭교회는 용납할 수 없었던 것입니다.

이대로 변호사   아무리 그럴싸하더라도 성서로써 뒷받침되지 않은 것을 교회법에 의해 성사로 규정할 수는 없습니다. 거듭 말하지만, 전통이나 교회법이 성서보다 위에 설 수는 없습니다.

판사   이 정도로 하시고, 마지막으로 『그리스도인의 자유』라는 개혁 문서에 대해서 피고가 말씀해 주시겠습니까?

루터   그 책에서 나는 '무엇이 인간을 자유하게 하고 의롭게 하는가'라는 문제를 다루었습니다. 그리스도인의 자유는 역설적인 관계에 있습니다. 신앙 안에서 그리스도인은 더할 수 없이 자유로운 만물의 주인으로 아무에게도 예속되지 않지만, 사랑 안에서 그리스도인은 더할 수 없이 충실한 만물의 종이며 모든 사람에게 예속됩니다.

판사　좀 자세히 설명해 주시지요.

루터　기본적으로 죄인인 인간은 외적인 삶의 조건이나 성취를 통해 자유롭거나 의롭게 되지 않습니다. 인간의 참된 자유와 의는 오직 하느님께서 인간을 그렇게 인정할 때만 인간에게 주어지며, 이것은 복음을 통해서, 그리스도에 대한 믿음을 통해서만 가능합니다. 또한 신앙은 사랑을 통하여 밖으로 작용하며, 이웃의 행복을 위하여 자신의 자유를 기꺼이 포기하는 것입니다. 그리스도인은 그 자신 안에서가 아니라 그리스도와 그의 이웃 안에서 사는 사람입니다. 그리스도인은 신앙을 통해 자신을 넘어 하느님에게 이르며, 사랑을 통해 자신을 낮추어 이웃에게 이릅니다. 그는 항상 하느님과 그의 사랑 가운데 머뭅니다. 이것이야말로 참된 영적인 그리스도인의 자유입니다.

판사　역시 윤리적인 이야기가 교리적인 이야기보다 이해하기가 쉽군요. 아주 감동적인 말씀이었습니다. 원고 측 변호인, 변론하실 건가요?

김딴지 변호사　판사님이 감동을 받으면 편파적으로 될 수 있습니다. 원론적으로 그리스도인의 자유에 대한 피고의 입장이 틀렸다고 볼 수는 없지만, 현실적으로 그리스도인의 자유는 교회의 가르침에 복종할 때 주어지는 것입니다. 물을 떠난 물고기가 자유로울 수 없듯이, 거룩하고 보편적인 교회를 떠난 그리스도인은 결코 자유로울

왜 루터는 종교 개혁을 일으켰을까?

수 없습니다. 이것은 필연적으로 자유의 남용을 불러오며 신앙의 성숙을 가로막게 되지요. 피고는 이러한 잘못을 범했습니다.

김딴지 변호사의 말에 대뜸 반박하려고 일어서는 이대로 변호사를 제지하며 판사가 말했다.

판사   오늘 공부를 많이 한 것 같지요? 모두들 머리도 아프고 피로할 텐데, 이것으로 오늘 재판을 마치도록 하지요.

땅, 땅, 땅!

복음의 진리를 외친 얀 후스

체코의 신학자이자 종교 개혁가 얀 후스

얀 후스(Jan Hus, 1372?~1415)는 보헤미아(오늘날 체코 공화국의 일부) 남부 후시네츠에서 출생하여 프라하 대학에서 신학과 문학을 배우고, 1400년부터 그 대학 교수이자 로마 가톨릭의 사제가 되었습니다. 그는 이후 베들레헴 성당의 설교자로, 또한 대학의 학장과 총장으로 일하면서 라틴 어와 체코 어로 저술 활동을 했고, 체코 어를 개량하고 체코 어 찬송가를 보급하기도 하였습니다. 그는 체코 민족 운동의 지도자로서 보헤미아의 독일화 정책에 저항하였고, 체코 인의 권리를 신장시켰습니다.

얀 후스는 잉글랜드의 개혁가 존 위클리프(1329~1384)의 저작에서 크게 영향을 받아, 성서를 신앙과 교회의 유일한 권위로 인정하고 교회가 누리는 부유함과 성직자의 권력 남용, 특히 면죄부를 수여하는 행위를 신랄하게 비판하였습니다. 옥스퍼드 대학 내의 학술 활동에 그친 존 위클리프와 달리 후스는 대중 앞에서 설교하면서 자신의 입장을 설파하고 이를 실행에 옮길 것을 촉구하였습니다. 그는 성서에 근거하여 성만찬 시에 성직자들에게만 주어지던 포도주를 일반 신도들도 빵과 함께 나누도록 하였습니다. 그 후 포도주를 담은 성반은 후스주의 운동의 상징이 되었습니다.

1410년 피사 종교 회의에서 선출된 교황 알렉산데르 5세는 후스에게 그동안의 주장들을 철회하도록 명령하였으나 후스는 자신의 신념을 굽히지 않았습니다. 결국 후임 교황인 요한 23세는 1411년에 후스를 파문하였습니다. 그럼에도 후스가 계속 자신의 주장을 확산시켜 나가자, 1414년 10월 신성 로마 제국 황제 지기스문트는 후스에게 신변 안전을 보장하면서 콘스탄츠 공의회에 참석할 것을 요청하였습니다. 후스는 교회의 고위 성직자들에게 자신의 주장을 이해시킬 수 있을 것이라 판단, 동의하였습니다. 그러나 그는 콘스탄츠에 오자마자 체포되어 감옥에 갇혔고 1415년 7월 6일 화형에 처해졌습니다. 그를 따르던 체코 인들은 강하게 반발하며 1419~1434년의 후스 전쟁을 일으켰습니다. 후스는 마르틴 루터보다 거의 1세기 앞서서 종교 개혁을 추진하였을 뿐만 아니라 체코 인의 자유와 주권을 위해 투쟁하였으므로 오늘날까지도 체코의 민족 영웅으로 존경받고 있습니다.

다알지 기자

안녕하세요. 언제나 신속 정확한 다알지 기자
입니다. 이번 두 번째 재판은 너무 신학적인 내용
이 많아 다소 지루한 감이 없지 않았다는 의견이 있는
데요. 한편으로는 그동안 몰랐던 지식을 얻게 되는 소득도 있었습니
다. 특히 루터의 저서를 중심으로 그의 개혁 사상을 알아보는 유익한
시간이었던 것 같습니다. 아마 기독교에 관심이 없는 분들이 보셨다면
이해가 되지 않는 부분들이 많았겠지만, 이어질 재판에서는 보다 흥미
로운 내용이 펼쳐질 예정이니 기대하셔도 좋을 것 같습니다. 마침 이
번 재판에서 증언했던 에크 박사가 나오는군요. 뒤이어 나오는 루터
박사까지 함께 만나 보겠습니다.

에크

　법정에서도 이야기했지만 루터의 주장은 전
혀 새로운 것이 아닙니다. 게다가 이미 이단으로
판정받은 바 있는 그의 이야기 때문에 이렇게 시간을
허비한 것이 참으로 안타깝습니다. 나는 교황의 권위를 세우는 일이
무엇보다 중요하다고 생각했습니다. 면죄부 판매도 이러한 맥락에서
시작된 것이지요. 교회를 세우는 일의 중요성을 루터가 잘 몰랐던 것
은 아닌지 의문이 생기는 것은 여전합니다.

루터

하느님께서 기뻐하시는 일이 무엇인지 제대로 알지 못하고 형식에 치우쳐 자신들의 이권만 챙기려고 했던 이들을 비판한 것에 대해 아직도 후회가 없습니다. 나의 신념에 따라 올바른 신앙인으로서의 책임을 다한 것뿐이라고 생각합니다. 그런 나를 이단으로 정죄한 것도 모자라서 세계사법정에까지 세우다니 정말 답답할 노릇입니다. 다음 재판에서 주요 쟁점이 무엇이 될지 짐작하고 있으니 이대로 변호사와 함께 철저히 준비해서 이 억울함을 풀도록 하겠습니다.

왜 루터는 종교 개혁을 일으켰을까?

그림에 담긴 종교 개혁 이야기

종교 개혁

독일의 수도사 마르틴 루터에 의해 시작된 종교 개혁의 움직임은 당시 유럽
을 크게 뒤흔들어 놓았습니다. 독일은 물론, 이웃나라에도 많은 영향을 주었
지요. 종교 개혁을 담은 이 그림은 프랑스의 화가인 샤를 르브룅의 작품입니
다. 샤를 르브룅은 1662년 이래 루이 14세의 수석 화가였으며, 콜베르의 옹
호를 받아 베르사유 궁의 조경과 장식 등을 감독하였지요. 이 작품은 현재
루브르 박물관에 소장되어 있습니다.

마르틴 루터와 카예타누스 추기경

이탈리아 화가인 프란체스코 살비아티의 작품으로 루터와 카예타누스 추기경의 모습을 담고 있습니다. 당시 루터는 제국 의회가 열렸던 독일 남부 도시 아우구스부르크에 가서 교황청 대사인 카예타누스에게 심문을 받았습니다. 카예타누스는 루터에게 과오를 인정하지 않으면 파문할 것이라고 했고, 루터는 끝내 자신의 뜻을 굽히지 않았지요. 이 그림은 당시 두 인물의 첨예한 대립과 긴장된 상황을 잘 보여 주고 있습니다.

마르틴 루터의 초상화

이 그림을 그린 대 루카스 크라나흐는 작센 선제후의 궁정 화가로 비텐베르크에서 주로 활동했습니다. 화려한 풍경의 종교적이고 신화적인 장면을 주로 그린 것으로 전해지며, 루터와는 절친한 사이로 알려져 있지요. 1508년에 선제후 프리드리히는 크라나흐에게 문장을 사용할 수 있는 권리를 주었고, 크라나흐는 날개 달린 용을 자신의 서명으로 사용하였습니다.

보름스의 마르틴 루터

역사화가 안톤 폰 베르너의 그림으로 1512년 4월 17일 보름스 제국 의회에 불려와 조사받고 있는 루터의 모습을 담고 있습니다. 그림의 우측 중앙에 선 검은색 수도사 복장의 남자는 루터로 추정되며, 그림 좌측의 사람 중에 루터를 소환한 카를 5세가 있는 것으로 보입니다. 많은 사람들 앞에서 자신의 소신을 굽히지 않은 루터의 의지를 엿볼 수 있습니다.

루터의 개혁 정신은
무엇이었을까?

1. 루터가 교회법을 불태운 이유는 무엇일까?
2. 보름스 제국 의회에서 무슨 일이 벌어졌을까?
3. 개혁 세력은 어떻게 분열되기 시작했을까?

루터가 교회법을 불태운
이유는 무엇일까?

　　마지막 재판 날이어서인지 법정 안에 약간의 긴장감이 흐르고 있었다. 지난 두 번의 재판에 이어 다시 찾은 방청객들이 많아 다소 친숙해졌는지, 여기저기서 목소리를 낮춰 옆 사람과 대화를 나누고 있었다.

　　"판사님이 입정하십니다. 모두 자리에서 일어나 경의를 표해 주시기 바랍니다."

　　무뚝뚝한 법정 경위의 말이 기계음처럼 흘러나오자 장내는 일순간 조용해졌다. 자리에 앉아 장내를 휘둘러본 판사는 양측 변호사들과 원고, 피고에게 잠시 눈길을 멈추더니 재판의 시작을 알렸다.

판사　　지난 재판에서는 피고의 저서를 중심으로 그의 종교 개혁적인 주장을 들었습니다. 오늘은 그 이후의 사건들에 관한 변론을 듣도록 하겠습니다. 먼저 피고 측 변호인이 말씀하시지요.

적그리스도
신약 성경에서 마지막 시대에 나타난다는 예수의 적대자를 가리킵니다.

이대로 변호사　　지난 재판에서 말씀드린 바와 같이 에크의 주도로 1520년 6월 15일 피고에 대한 파문 위협 교서인 「주여, 일어나소서!」가 작성되었고, 10월 초에는 원고가 제국 전체에 파문 위협 교서를 포고하라고 명령하였습니다. 그 여파로 네덜란드 뢰벤에서는 피고의 글들이 공개적으로 소각되는 일이 발생하기도 하였습니다.

　10월 23일, 아헨에서 카를 5세의 황제 즉위식이 거행되었습니다. 피고를 지지하였던 선제후 프리드리히 현제는 즉위식에 참석하지 못했습니다. 그는 10월 31일 쾰른에서 따로 황제를 만나 피고를 위해 법적인 안전 조치를 취해 줄 것을 요구하였고 황제는 이를 약속하였습니다. 며칠 후 교황청 대사인 알렉산더가 선제후에게 피고의 저서를 소각할 것과 피고를 체포하여 로마로 압송할 것을 요구하였습니다. 그러나 선제후는 공정한 재판과 파문 위협 교서 실행의 연기를 요구하였지요.

판사　　피고는 이 파문 위협 교서를 어떻게 생각했나요?

이대로 변호사　　피고는 그 교서가 적그리스도의 문서와 다름없다고 생각하였습니다. 이것은 교황청의 권력의 표현일 뿐, 진리에 대한 아무런 교훈도 담겨 있지 않고 오히려 진리를 억압하고 있다고 확신하였지요. 그는 황제와 기타 공적인 책임을 맡고 있는 지도자들

왜 루터는 종교 개혁을 일으켰을까?

은 적그리스도의 그러한 요구를 수용해서는 안 된다고 주장하였습니다. 자신에게 주어진 60일간의 취소 기간이 다할 무렵, 피고는 오직 성서에 근거한 공의회를 소집할 것을 요구하였습니다.

김딴지 변호사   판사님, 지금 피고는 교황에 대해서 적그리스도란 악의적이고 신성 모독적인 발언을 하고 있습니다. 발언을 취소시켜 주십시오.

판사   피고 측 변호인은 용어를 신중하게 사용해 주세요. 그런데 원고 측 변호인도 피고를 이단이라고 말하지 않았습니까? 옳고 그름을 따지기 전에 일단 피고가 왜 교황을 적그리스도라고 생각했는지 그 이유나 들어 봅시다.

이대로 변호사   피고는 사실 아우구스부르크에서 교황청 대사 카예타누스로부터 심문을 받은 후 비공개 편지에서 적그리스도가 로마 교황청을 통치하고 있지 않나 의심하였습니다. 그는 교황청이 이슬람을 믿는 터키보다도 더 악하다고 보았어요. 피고는 적그리스도가 교회 밖이 아니라 교회 내부에서 그 세력을 키우고 있다는 사실이 성서의 진술에 부합한다고 생각하였지요. 피고는 1520년 초에 인문주의자 울리히 폰 후텐이 발행한 콘스탄티누스 황제의 증여 문서가 위서임을 밝힌 로렌초 발라의 글을 강의함으로써, 교황청 안에서 적그리스도가 권세를 잡고 있다는 확신을 더욱 확고히 하였습니다.

판사   콘스탄티누스 황제의 증여 문서란 도대체 무엇입니까?

이대로 변호사   일개 로마 감독이 지상에서 그리스도의 대리자로

나병

피부에 살점이 불거져 나오거나 반점 같은 것이 생기고 그 부분의 지각이 마비되며 눈썹이 빠지고 손발이나 얼굴이 변형되며 눈이 잘 보이지 않게 되는 만성 전염병입니다.

천도

도읍을 옮기는 것입니다.

서의 절대 권력을 주장하는 근거로 사용된 위조문서입니다. 480년에서 490년에 익명의 저자가 지어낸 『거룩한 실베스테르 교황에 관한 전설』이란 이야기가 있습니다. 이에 따르면 그리스도교 박해자였던 콘스탄티누스 황제가 **나병**에 걸렸는데 실베스테르 교황이 로마에서 그의 병을 낫게 해 주었으며 콘스탄티누스 황제는 회개하고 세례를 받았다는 것입니다. 독단적으로 콘스탄티노플 **천도**를 계획하고 있던 콘스탄티누스는 황제 예복과 표장을 벗고 교황의 발아래 엎드려 사죄받고 난 뒤 교황의 동의를 얻어 천도를 시행하였다는 것이지요.

판사   이 전설과 증여 문서는 어떤 관계가 있습니까?

이대로 변호사   이러한 전설은 교회와 유럽 역사에 큰 영향을 끼쳤던 위조문서인 「콘스탄티누스의 증여」가 탄생하는 근거를 제공하였습니다. 이 문서에 따르면 콘스탄티누스가 천도하기 전에 실베스테르 교황에게 교황청 내의 명칭과 조직을 황궁에 상응하게 만들고 집정관과 귀족을 임명할 권한을 주었으며, 더 나아가 로마와 이탈리아 및 서방 지역을 교황에게 유증하였다는 것입니다. 이를 근거로 교황들은 세속적인 지배권을 정당화하였지요. 이외에도 교황권을 강화하기 위해 사용된 위조문서들은 9세기에 소위 『위이시도르 교령집』으로 집대성되었습니다. 이 문서는 11세기 이래 교황의 지배권을 강화하는 절대적인 근거로 활용되었습니다.

사람들은 수백 년 동안 이 문서들이 진짜라고 생각하였습니다. 그러나 15세기에 이르러 인문주의자 로렌초 발라에 의해 「콘스탄티누스의 증여」가 위조된 문서임이 밝혀졌고, 그 이후 교황의 지배권을 강화하기 위한 근거로 사용된 문서들 대부분이 위조된 것임이 밝혀졌습니다.

김딴지 변호사　흠흠, 에, '위조'란 말은 좀 그렇고, 교황을 존경하는 익명의 사람들이 황제들보다 교황의 권위를 높이고자 순수한 마음에서 만든 이야기라고 할 수 있겠죠. 사랑하고 존경하는 사람을 위해서 선의의 거짓말이라는 것도 하지 않습니까? 흐음.

이대로 변호사　설령 그렇다고 하더라도 그것을 철저히 이용하여 교황권을 강화한 것은 염치없는 일입니다. 어찌 갈릴리의 가난한 어부 출신인 베드로 사도를 황제와 같은 존재로 만들어 교회를 화려한 황궁처럼 꾸미고 세속적인 위세를 부릴 수 있습니까?

판사　잠깐 진정하십시오. 너무 감정적으로 흐르는 것 같습니다. 교황권 문제는 이 정도로 이야기하고, 파문 위협 교서가 공포된 이후 벌어진 사건에 대해 살펴보도록 하지요. 피고 측 변호인, 말씀해 주시지요.

이대로 변호사　1520년 11월에 독일 쾰른과 마인츠에서 피고의 저서를 불태우는 일이 발생했습니다.

판사　분서 사건이 벌어졌단 말입니까? 피고는 이에 대해 어떻게 반응했나요?

이대로 변호사　피고뿐만 아니라 그의 동료와 지지자들은 분노가 극에 달했습니다. 그들은 교황청과는 더 이상 대화가 불가능하다고 판단하였지요. 그래서 그들도 12월 10일 오전, 시 동편에 있는 엘스터 문 앞에서 교황이 만든 교회법과 스콜라 신학 서적을 소각하는 데 참여해 줄 것을 호소하는 안내문을 비텐베르크 시 교회에 게시하였어요. 이 소문은 신속하게 퍼져 많은 학생들이 모여들었습니다. 피고의 동료인 요하네스 아그리콜라가 장작더미를 모아 불을 붙인 후 교회법 관련 서적들을 던져 넣었습니다. 피고는 교황의 파문 위협 교서를 휴지 조각인 양 불 속에 던져 버렸습니다.

김딴지 변호사   참으로 있을 수 없는 일입니다. 일개 수도사의 잘못된 저서를 불태웠다고 감히 존엄한 교회법과 교황의 파문 위협 교서를 불태우다니요⋯⋯. 이는 피고와 그의 추종자들의 불법과 오만 방자함을 보여 주는 만행입니다. 이로써 이들은 스스로 이단자임을 증명하였습니다. 이제 이들은 다시는 돌아올 수 없는 강을 건넌 것입니다.

판사   피고는 어떤 근거로 그처럼 극단적인 행동을 하였나요?

이대로 변호사   극단적인 선택을 먼저 한 것은 교황 측입니다. 그 일이 있은 후 피고는 비장하게 학생들에게 현재 상황에서는 적그리스도적인 교황의 통치와 그리스도의 통치 중 양자택일만이 있을 수 있다고 선언하였습니다. 그리고 그리스도를 선택하는 사람은 그를 위해 자신의 삶을 과감히 던져야 한다고 말하였지요. 피고는 교회법과 교황의 측근들의 책을 소각한 것에 대해 사도행전 19장 19절을 근거로 들어 정당화하였습니다. 거기에는 "또 마술을 행하던 많은 사람이 그 책을 모아 가지고 와서 모든 사람 앞에서 불사르니, 그

책값을 계산한즉 은 오만이나 되더라"라고 기록되어 있지요. 피고는 설교자이자 성서학 교수로서 거짓되고 미혹하는 비복음적인 교리를 막을 의무가 있다고 주장하였습니다.

판사　정말 이 분서 사건으로 서로 간에 돌아올 수 없는 강을 건넌 것 같군요. 그 후에는 어떻게 되었습니까?

이대로 변호사　피고는 정해진 기한 내에 자신의 주장을 취소하지 않았기 때문에 이단자로 확정되어 파문이 결정되었고, 단지 법적인 집행만이 남아 있었습니다. 이제 교황청은 보름스에서 열리는 제국 의회에서 이를 관철시키고자 하였습니다. 그러나 선제후 프리드리히 현제는 교황청의 파문이 정당하다고 생각하지 않았습니다. 교황청의 판결은 판사에 의한 공정한 심문도 없었고, 오류로 고발된 것들도 성서에 근거한 진위 여부 입증이 되지 않았습니다. 선제후는 피고에 대한 재판에서 법적인 공정성이 확보되기를 바랐습니다. 피고의 경우뿐만 아니라 로마 교황청의 법 실행 문제는 오래전부터 독일인들의 불만거리였습니다. 황제 카를 5세는 1520년 10월 쾰른에서 작센 선제후에게 피고를 심문 없이 처단하지 않겠다고 약속한 후, 11월 28일 피고를 제국 의회에 데려오라고 요구하였습니다. 그러나 선제후는 이를 거절하였습니다. 그는 황제의 약속이 그사이 쾰른과 마인츠에서 일어난 공개적인 루터 서적의 소각으로 깨졌다고 보았기 때문이지요.

보름스 제국 의회에서
무슨 일이 벌어졌을까?

판사   보름스 제국 의회에 대해서 좀 더 자세히 설명해 주시지요.

이대로 변호사   사실 교황청 대사 히에로니무스 알레안더는 피고가 제국 의회에 올 필요도 없이 제국 의회 개회 전에 황제가 피고의 종교적 파문을 법적으로 관철시킬 것을 기대하였습니다. 그러나 황제는 제국 의회를 통해 피고 문제를 해결하고자 하였지요. 황제는 자신의 임기 중의 첫 번째 제국 의회를 1521년 1월 27일 라인 강변의 보름스에서 소집하였습니다. 원래 황제의 궁전이 있는 뉘른베르크에서 열릴 예정이었지만, 그곳에 전염병이 도는 바람에 황제의 별장이 있는 보름스에서 개최하게 된 것입니다.

당시 소집된 보름스 제국 의회를 통해 루터의 결여한 의지를 보여 줄 수 있을 것이라고 생각한 이대로 변호사가 판사에게 증인을 신청했다.

이대로 변호사   판사님, 보름스 제국 의회에 대해서는 여기 증인으로 나와 계신 카를 5세 황제에게 직접 듣는 것이 좋을 것 같습니다. 허락해 주십시오.

판사   좋습니다. 허락합니다.

황제 카를 5세가 위엄 있는 모습으로 뚜벅뚜벅 걸어 나와 증언대에 섰다. 카를 5세는 선서를 한 뒤 진술하기 시작하였다.

카를 5세   나는 막시밀리안 황제의 조카이자 에스파냐의 왕이었습니다. 황제였던 할아버지가 죽자 오스트리아 땅을 상속받았으며, 또한 독일인의 신성 로마 제국의 황제로 선출되었지요. 제가 황제로 선출되었을 때는 19세에 불과하였고 독일어는 한마디도 하지 못하였어요. 나는 에스파냐 내부 사정으로 인해 독일에 가지 못하고 있다가, 1520년 10월 23일에야 아헨에서 황제 즉위식을 거행하였습니다. 나는 첫 번째 제국 의회를 이듬해 봄에 독일 보름스에서 소집하기로 하였습니다. 여기에서 나는 처음이자 마지막으로 루터를 대면하였지요.

이대로 변호사   당시 증인은 피고에 대해서 어떻게 생각하셨습니까?

카를 5세   나는 혈통으로 보거나 교육받은 것으로 보거나 로마 가톨릭교회의 충실한 아들입니다. 나는 제후들이 이단을 척결하는 데 필요한 대책을 세워 교황청이 내린 판결을 반드시 집행해야 한다고 확신했지요. 나는 제후들의 동의를 얻어 루터를 체포하고 그를 압송하고자 하였습니다. 그러나 제후들은 루터가 공정하게 구성된 위원회를 통해 심문받아야 하며, 그러지 않을 경우 루터를 옹호하는 사람들이 폭동이나 소요를 일으킬 수 있다고 경고하더군요. 그들은 루터

신성 로마 제국의 황제 카를 5세

문제를 다른 사안과 마찬가지로 공정하게 처리하라고 요구하였습니다. 나는 교회의 후견인이자 보호자로서 이단과 싸우는 교황을 지원해야 한다는 사명감을 느꼈지요.

나는 루터에게 직접 소환장을 보냈습니다. 오고 가는 동안 루터의 여행길을 안전하게 보장한다는 확인서와 함께 그를 인도할 안내자를 보냈지요. 이렇게 나는 이단 혐의가 있는 신학자를 최고의 예우를 갖춰 제국 의회에 오게 했습니다. 이것은 파격적인 조치였지요.

판사   이쯤에서 피고의 이야기를 들어 보는 것이 좋겠습니다.

루터는 카를 5세 황제를 보자 비록 적대자였지만 옛 친구를 만난 듯 반가운 마음이 들었다. 그는 황제에게 애증의 감정을 느꼈다. 어린 나이에 황제가 되어 프랑스와 이슬람 세력인 터키의 위협 속에서 정치적으로도 힘든 판에 종교 문제로까지 골머리를 썩었을 것을 생

각하니 측은하기조차 했다. 그가 신학에 대해서 무엇을 알겠는가. 그저 전통적으로 내려온 신앙에 충실한 일개 신도일 뿐. 그러나 그는 자신을 죽일 수도 살릴 수도 있는 절대권력자였다. 루터는 자리에서 일어나 숨을 가다듬은 후 천천히 입을 열었다.

소환
법원이 피고인, 증인, 변호인, 대리인 따위의 소송 관계인에게 소환장을 발부하여, 공판 기일이나 그 밖의 일정한 일시에 법원 또는 법원이 지정한 장소에 나올 것을 명령하는 일을 말합니다.

루터 나는 지체하지 않고 황제의 **소환**에 응했습니다. 내가 늦을 경우 황제와 제국 의회 의원들이 직접 심문하기로 한 것을 취소하고 일방적으로 결정할지도 모른다는 생각이 들었습니다.

나는 1521년 부활절 후 첫 화요일인 4월 2일에 비텐베르크를 출발하였습니다. 이때 두 명의 대학 관계자와 수도사 한 명이 동행하였습니다. 보름스로 가는 도중에 있는 도시들에서 대대적인 환영을 받았습니다. 특히 내가 수학하였던 에어푸르트 대학에서는 총장을 비롯해 교수들과 학생들이 큰 행사를 마련해 주었으며, 아우구스티누스 수도원 교회에서는 설교도 하게 하였습니다.

보름스에 도착하기 전날 반나절 거리를 남기고 오펜하임에 머물렀는데, 슈트라스부르크의 종교 개혁자 마르틴 부처가 그리로 찾아왔습니다. 그는 나에게 닥칠 위험을 염려하면서 보름스로 가지 말고 에버른부르크로 피신하라고 권유하였습니다. 그곳에 나를 추종하는 무리가 많을 뿐만 아니라 황제의 대부인 장 글라피옹이 제게 조언하려고 기다린다고 했지요. 그러나 나는 그 제안을 단호히 거절하였습니다. 후스는 화형을 당하였지만, 이는 진리에 바탕을 둔 것이 아니었습니다. 비록 모든 문이 지옥문이며 폭력의 기운이 감돌더라도, 그리스도가 살아 계시기에 나는 보름스로 갈 것이라고 비장하게 말했습니다.

이대로 변호사　보름스에는 언제 도착하였나요?

루터　4월 16일 오전에 마침내 보름스에 도착하였습니다. 심문은 다음 날 황제 숙소로 사용되던 주교관 강당에서 시작되었습니다. 카를 5세와 그의 동생 페르디난트 왕, 선제후들, 제후들과 대주교들, 그리고 각 자치 도시의 대표들이 지켜보는 가운데 트리어 대주교의 법률 고문인 에크 박사가 황제 측 대변인으로 나섰습니다.

그는 나에게 무엇보다 나의 교리로부터 야기된 기독교 내의 불화를 깊이 생각해야 한다고 말문을 열었어요. 그는 라틴 어와 독일어를 번갈아 사용하면서 황제가 두 가지를 알고 싶어 한다고 말했습니다. 첫째로, 내가 독일어 혹은 라틴 어로 쓴 20여 종류의 서적들을 내 자신의 것으로 인정하느냐 하는 것이었으며, 둘째로, 이 책들에 담긴 내용을 취소하고자 하느냐 하는 것이었습니다. 이에 대해 나는 그 책들이 내 것임을 인정한 뒤, 두 번째 질문에 대해서는 신중하게 생각할 시간이 필요하다고 대답하였습니다. 황제는 내게 생각할 시간을 하루 허락하였습니다.

이대로 변호사　다음 날 어떤 결정을 내렸나요?

루터　취소할 생각이었다면 나는 보름스에 가지 않았을 것입니다.

이튿날 더 넓은 공간으로 옮겨 심문이 재개되었습니다. 황제 측 대변인인 에크 박사는 어제 했던 질문을 다시 한 번 반복했어요. 나

역시 그 책들이 제 것임을 인정한 뒤, 책에서 주장한 것들을 취소하라는 요구에 대해서는 이의를 제기하였습니다. 나의 입장은 그리스도의 가르침과 연관되어 있기 때문에 취소할 수 없으며, 만일 그렇게 할 경우 복음을 적대하는 폭군들이 신자들을 더 괴롭힐 것이라고 주장하였지요.

나는 황제와 모든 참석자들에게 성서에 근거하여 제 주장의 오류를 밝혀 달라고 요청하였습니다. 만일 나의 주장이 오류로 드러나면 취소할 준비가 되어 있다고 당당하게 말했지요. 그리고 나는 하느님의 말씀을 외면하면 언제나 불화가 일어나며, 하느님의 말씀을 어기고 얻는 평화는 최악의 결과를 초래함을 역사가 보여 준다고 강조하였습니다. 그리고 나는 하느님께서 큰 희망을 두고 계신 경건하고 젊은 카를 5세 황제가 불행에 빠지지 말기를 바란다고 말했습니다.

다음 날 마지막 심문에서 에크 박사는 나에게 이단적인 주장을 취소할 용의가 있는지 최종적으로 물었습니다. 이때 나는 비장한 마음으로 말했습니다.

"나는 교황도 공의회도 믿을 수 없습니다. 왜냐하면 그들은 종종 실수했고 모순되었기 때문입니다. 성서의 증언이나 명백한 이성적 근거로써 반박할 수 있지 않는 한, 나는 성서의 말씀을 따를 수밖에 없습니다. 나의 양심이 하느님의 말씀에 사로잡힌 한 나는 어떠한 것도 취소할 수 없으며 할 의지도 없습니다. 왜냐하면 양심에 반하여 행동하는 것은 불확실한 것이며 구원을 위협하는 일이기 때문입니다. 주여, 나를 도우소서. 아멘."

방청석이 숙연해졌다. 법정 안은 숨소리조차 들리지 않았다. 법정
에 당시 보름스 현장을 그대로 옮겨다 놓은 것 같은 착각마저 들었
다. 피고석에 서 있는 루터 역시 그때의 긴장감과 떨림을 고스란히
느끼는 것 같았다.

지그시 눈을 감고 있던 판사가 깊은 숨을 내쉰 뒤 이대로 변호사를 향해 물었다.

판사　피고는 그곳에서 어떻게 돌아왔나요?

이대로 변호사　4월 28일, 피고는 일행과 함께 보름스를 떠나 귀환 길에 올랐습니다. 선제후는 피고를 자신이 통치하는 지역에서 안전하게 보호할 계획을 세웠으나 어떤 계획인지 아는 사람은 없었습니다.

피고는 황제가 딸려 보낸 제국 호위병의 보호를 받으며 귀환하였지요. 마인 강 가의 프랑크푸르트와 헤센의 프리트베르크에 이르러 피고는 제국의 호위병을 돌려보냈으며 황제에게 감사의 편지를 썼습니다.

그러나 5월 1일 피고를 태운 마차가 튀링겐 숲 속 알텐슈타인 성 근처에 도착하였을 때, 피고는 괴한들에게 납치되어 어디론가 사라졌습니다. 피고가 어디로 갔는지 아는 사람은 없었습니다. 한참 지나자 피고가 죽었다는 소문이 떠돌기 시작하였습니다.

그사이 보름스에서 황제는 이단으로 파문된 피고에 대해 제국의 법률적 보호를 박탈한다는 칙령을 발표하였습니다. 칙령을 통해 파문당한 자를 숨겨 주거나 지원해 주는 행위도 금지시켰으며, 그를 발견하면 체포해서 황제에게 이송하라고 명령하였습니다. 더 나아가 피고의 추종자들도 법적 보호를 받지 못하며 피고의 저서들은 모두 소각되어야 한다고 규정하였지요.

판사　피고를 누가 납치한 거죠?

사탄
적대자라는 뜻으로, 악을 인격
화하여 이르는 말입니다.

이대로 변호사　　작센의 선제후가 꾸민 일종의 자작극이 었습니다. 선제후는 대중들의 시선을 피해 피고를 안전한 바르트부르크 성에 숨겼습니다.

피고는 1521년 5월 4일부터 1522년 3월 1일까지 10개월가량 융커 외르크라는 가명을 쓰며 수염을 기른 채 그 성에 살았습니다. 성의 최고 책임자를 제외하고는 누구도 그의 정체를 아는 사람이 없었지요. 비텐베르크 동료들과의 비밀스런 서신 교환은 선제후 궁에서 피고를 잘 알고 있던 게오르크 스팔라틴이 담당하였습니다.

판사　　피고가 바르트부르크 성에서의 생활에 대해 말씀해 주시겠습니까?

루터　　보름스에서 겪은 긴장과 불안 때문에 변비가 생겨 가을까지 무척 고통스러웠어요. 육체적 고통과 유폐된 삶의 불안 속에서 나는 심각한 영적 투쟁을 경험해야 했지요. 나는 스스로 강력한 어둠의 영인 사탄과의 투쟁 속에 던져져 있다고 생각하였습니다.

판사　　그 긴장과 불안을 어떻게 극복하였습니까?

루터　　성에서 나는 이전보다 더욱 치열하게 성서 연구에 몰두하였습니다. 그리고 수도사로서의 제 삶을 돌이켜보면서 수도사 독신 서원에 대한 문제를 깊이 고찰하였어요. 그 결과 1521년 11월에 『수도사 서원에 대하여』라는 글이 나오게 되었지요. 나는 헌사에서 이 글을 아버지께 드린다고 밝혔습니다. 아버지는 제가 수도사가 되는 것에 반대했습니다. 나는 세례를 받음으로써 모든 신자가 그리스도에

게 동일하게 매이는 만큼 신자로서의 일반적 의무보다 더 높은 의무를 지는 그리스도인은 없으며, 서원은 사람으로 하여금 율법의 삶을 살도록 잘못 인도한다는 인식에 도달했습니다. 따라서 수도사들은 율법에서 해방된 자유를 추구해야 한다고 확신하였지요. 나는 여전히 수도사로서의 삶의 방식을 견지했지만 신앙 안에서 이미 자유로

왜 루터는 종교 개혁을 일으켰을까?

움을 깨달았습니다. 그리고 ▶그 성에서 제가 가장 심혈을 기울인 일은 성서를 독일어로 번역하는 일이었습니다. 독일어 신약 성서 번역이야말로 종교 개혁적 신앙과 새로운 교회를 세우는 가장 중요한 주춧돌이기 때문이었습니다.

고지 독일어
독일 남부와 중부에서 사용되는 방언입니다. 독일어는 일부 자음의 변화에 따라 남쪽의 고지 독일어와 북쪽의 저지(低地) 독일어로 나뉘었습니다.

이때 김딴지 변호사가 불쑥 일어나더니 루터의 말을 끊으며 득의양양하게 말했다.

김딴지 변호사　피고는 자신이 수도사로서 서약한 것을 지키지 못한 것에 대해 변명을 하고 있는 것입니다. 잘 알다시피 피고는 후에 수녀원을 도망쳐 나온 수녀와 결혼하는 뻔뻔한 일을 저지르지요. 게다가 이미 독일어 번역 성서가 여럿 출판되어 있는데 굳이 새로 번역할 필요가 뭐가 있습니까?

이대로 변호사　판사님, 지금 원고 측 변호인은 피고의 인격을 모독하고 있습니다.

판사　인정합니다. 원고 측 변호인은 인격을 모독하는 발언을 삼가 주십시오. 피고는 성서 번역 부분에 대해서만 더 설명해 주시겠습니까?

루터　독일어 번역 성서가 이미 있었던 것은 사실입니다. 그러나 고지(高地) 독일어로 번역된 이들 번역서들은 당시 교회에서 공식적으로 사용하던 라틴 어로 된 불가타 성서를 번역한 것으로 보급률이 저조하였어요. 이 독일어 성서

교과서에는

▶ 루터는 지지자들의 도움으로 바르트부르크 성에 은신하면서 성경을 독일어로 번역하고 교회 개혁 운동을 깊이 있게 추진해 나갑니다.

들은 상당히 난해하여 일반 대중이 이해할 수 없었지요. 나는 이것들과는 전혀 다른 독일어 번역본을 만들고자 하였습니다.

나는 신약 성서를 원어인 그리스 어에서 직접 번역하였습니다. 제가 텍스트로 삼은 것은 에라스뮈스가 1519년에 편집한 그리스 어 신약 성서 제2판이었습니다. 나는 본문을 번역하였을 뿐만 아니라 신약 성서 전체에 대한 서문과 각각의 책에 대한 서문을 집필하였어요. 더 나아가 몇 군데 어려운 부분은 간단하게 설명하였고, 참고가 되는 다른 곳의 성경 구절을 기입하여 일반 사람들의 이해를 돕고자 하였습니다. 나는 성서를 번역하면서 대중의 입을 보고자 노력하였습니다. 대중의 언어와 일치하는 성서를 번역하는 것이 나의 목표였지요.

3

개혁 세력은 어떻게
분열되기 시작했을까?

판사 종교 개혁 세력 내부의 갈등은 없었습니까?

이대로 변호사   제가 말씀드리죠. 피고가 없는 비텐베르크에서는 이제 대학 동료인 멜란히톤, 카를슈타트, 그리고 아우구스티누스 은둔 수도회 동료들이 주동이 되어 교회 개혁을 단행하였습니다.

비텐베르크 개혁이 과격한 양상을 띠게 된 것은 츠비카우 출신의 예언자들이 비텐베르크에 와서 자신들은 성령의 직접적인 지도를 받는다고 주장하면서부터입니다. 그들은 기록된 말씀인 성서를 경시하였을 뿐만 아니라 유아 세례를 부인하였습니다. 이들에게 영향을 받은 카를슈타트는 교회 개혁을 더욱 과격하게 몰고 갔습니다. 그에게 동조하는 사람들은 직접 나서 비텐베르크 시 교회에서 대대적인 성상 파괴를 감행하였습니다. 성상은 우상을 숭배하지 말라는

성상

여기서는 그리스도나 성모의 상을 가리키는 말입니다.

하느님의 계명에 어긋난다는 이유에서였지요.

선제후는 기존에 사용하던 것을 그대로 둘 것을 요청하였지만, 사제단 회의와 대학 그리고 시의회조차 과격분자들을 통제할 수 없었어요. 선제후는 ▶결국 피고만이 이 혼란을 극복할 수 있다고 판단하고, 바르트부르크 성에 있던 피고에게 사태를 진정시켜 줄 것을 요청하였습니다.

판사 이러한 과격한 흐름에 대해서 피고는 어떻게 반응했습니까?

이대로 변호사 피고는 자신이 시작한 개혁이 이상한 방향으로 흐르고 있다고 판단하고 급히 비텐베르크로 돌아왔습니다. 그는 1522년 3월 9일 사순절 첫 주일부터 3월 16일 회상 주일까지 연속해서 열광주의적인 교회 개혁을 비판하는 설교를 하였습니다. 피고는 각자에게 신앙의 책임 의식을 강조하고 개혁의 시기가 무르익을 때까지 기다려 줄 것을 권고하였습니다. 비텐베르크 시의 소요는 일단 진정되었지만 불씨는 그대로 남았습니다.

처음에 피고 측에 가담하여 종교 개혁에 협력하였던 카를슈타트는 "신앙이 연약한 자를 고려해야 한다"는 피고의 요구를 단호히 거부하였습니다. 그는 잘못된 것을 재빨리 빼앗아 치우지 않으면 어린아이가 날카로운 칼을 가지고 놀도록 허용하는 것과 마찬가지라고 주장하였습니다. 그는 "우리는 연약한 자들의 손에서 그러한 해로운 것을 빼앗아야 한다. 그들이 그 때문에 울든지 소리를 지르든지 아니면 욕설을 퍼붓든지 신경 쓰지 말아야 한다"고 주장했어요. 이

교과서에는

▶ 모든 그리스도인은 차이가 없다는 루터의 말에 힘입어 들고일어난 농민들에게 루터는 "칼로 일어선 자는 칼로 망한다고 성서에 씌어 있으니 반란을 멈추시오"라고 말합니다.

로써 피고는 자신의 동료였던 카를슈타트와 멀어지게 되었습니다. 비텐베르크 교회는 카를슈타트에게 설교를 금지시켰으며, 그는 결국 그곳을 떠나지 않을 수 없었습니다.

김딴지 변호사　교황과 로마 가톨릭교회의 권위를 부인하였던 피고가 부딪힐 돌에 부딪힌 것입니다. 종교에서 권위는 생명과 같은 것입니다. 그 권위가 무너지기 시작하면 분열은 걷잡을 수 없지요. 피고가 교황과 로마 가톨릭교회에 대해 행했던 비판을 그 자신이 받은 겁니다.

이대로 변호사　그것은 전혀 다른 이야기입니다. 교황과 로마 가톨릭교회에 대한 비판에서는 동일하나 개혁의 방법이 달랐던 것일 뿐이지요.

김딴지 변호사　권위가 한번 무너지면 그 결과가 얼마나 참혹한지를 보여 주는 것이 바로 **토마스 뮌처**와 농민 전쟁입니다. 결국 피고도 제후들의 입장을 옹호하고 그들의 힘을 빌려 농민들의 반란을 진압했지 않습니까?

이대로 변호사　그런 이유로 혹자는 피고의 종교 개혁을 '제후들에 의한 종교 개혁'이라고 부르며 그 개혁의 보수성을 비판하기도 합니다. 그러나 우리는 피고가 처했던 그 당시의 상황을 고려하지 않으면 안 됩니다. 피고는 종교 개혁이 채 꽃을 피우기도 전에 싹이 잘리는 상황을 용납할 수 없었습니다. 그는 로마 가톨릭이라는 거대한 세력에 의해 생존을 위협받고 있던 자신을 후원하는 우호적인 제후들을 적으로 돌릴 만큼 비현실적이지 않았습니다.

토마스 뮌처
독일의 종교·사회 개혁 운동가로 신비주의적 신앙과 사회 변혁을 결부하여 민중의 저항권을 주장하면서 루터와 대립하였습니다.

판사　피고와 토마스 뮌처의 관계에 대해서 좀 자세히 설명해 주시지요.

이대로 변호사　토마스 뮌처가 처음 피고를 만난 것은 1519년 7월 라이프치히 토론에서였습니다. 그 후 그는 피고의 지지자가 되었지요. 피고의 추천으로 그는 1520년 5월 츠비카우의 성 마리아 성당 담당 사제 일을 대행하였습니다. 그 후 그 지역의 수공업자, 광부, 직조공들로 구성된 카타리 교회를 맡았고요. 그는 그곳 츠비카우 예언자들의 영향을 받은 후 변하였습니다. 그는 직접적인 성령 체험을 주장하면서 성서의 문자에 의존하는 인문주의를 맹렬히 비판하였어요. 과격한 주장으로 인해 해임당한 후, 그는 보헤미아의 프라하로 도망갔습니다.

그는 성직자들이 '차갑고 죽은 문자'만을 제공한다고 비판하였습니다. 그의 눈에 그들은 '하느님의 말씀을 이웃의 입에서 훔친' 도둑이요 강도였습니다. 그는 피고가 "믿어라, 믿어라, 강하고 강한 신앙을 소유하라"라고 말함으로써 고난의 십자가를 지신 그리스도를 온전히 가르치는 것이 아니라 반쪽의 그리스도만을 가르친다고 비판하였지요. 과도한 세금으로 인해 고통당하던 독일 남부 농민들이 봉기한 것에 감명을 받은 뮌처는 더욱 과격한 사회 개혁가로 변모해 갔습니다.

판사　그러한 주장에 대해 피고는 어떻게 대처했습니까?

이대로 변호사　피고는 처음에 농민들이 처한 경제적·법적인 어려움에 동정적이었습니다. 그는 「슈바벤 농민들의 12개 조항에 대한 평화에의 권고」라는 글을 통해 선제후와 영주들의 양심에 호소하고 농민들과 화해할 수 있는 방법을 찾도록 충고하였습니다. 다른 한편으로 농민들에게는 하느님의 정의를 잘못 이해하여 폭력을 행사하거나 소요를 일으키지 말라고 경고하였어요.

피고는 튀링겐 지역으로 가서 농민 전쟁의 실상을 몸소 체험한 뒤 농민들의 폭력에 대해 더욱 강경한 입장을 표명하였습니다. 그는 폭력적인 농민들에게 더욱 공격적이 되어 갔지요. 그는 1525년 5월에 「강도와 도적 같은 폭동에 반대하여」라는 글을 발표하였습니다. 그는 이 글에서 농민들이 폭동을 일으킴으로써 정부에 대한 복종의 의무를 범하였고, 강도와 도적질로 질서와 평화를 파괴하였으며, 자신들의 요구를 정당화하고자 복음을 남용하여 하느님을 비방하는 죄를 지었다고 비난하였습니다. 피고는 공권력을 가진 정부가 농민들의 폭동에 대해 모든 수단을 동원하여 대응할 것을 요구하였습니다.

김딴지 변호사 변호사답게 피고의 적나라한 모습을 감추어 주고 있군요. 피고는 농민들을 향하여 악담과 저주를 퍼부었습니다. 그는 폭동을 일으키는 농민들을 개돼지 같은 존재로 취급하면서 "할 수 있는 자는 찌르고 치고 목 조르라. 만약 죽는다면 복된 것이고, 더 복된 죽음을 결코 얻지 못하리라"라고 목청을 높였습니다. 이런 사실을 부인하십니까?

이대로 변호사 부인하지 않습니다. 피고가 튀링겐 농부들의 폭동에 대해 흥분했던 것이 사실입니다. 제후들이 이

교과서에는

▶ 농민들은 "예수님이 곧 오셔서 악에 물든 세상을 끝낼 것이니 우리가 먼저 이 세상의 악을 징벌하자"고 말하지만, 루터는 이들을 '살인 강도 떼'로 부릅니다.

러한 폭동의 배후에 피고의 개혁 사상이 있는 것이 아닌가 의심하는 상황에서 어쩔 수 없었다고 말할 수 있지요. 막 움튼 개혁의 싹을 보전하기 위해 차선의 방법을 택한 것이지요.

김딴지 변호사　　차선이 아니라 최악이지요.

김딴지 변호사의 발끈한 이대로 변호사가 법정을 둘러본 후 다시 판사에게 말했다.

이대로 변호사　　판사님, 증인 한 분을 세우고자 합니다. 당대 최고의 인문주의자인 로테르담의 에라스뮈스 박사입니다.

판사　　허락합니다.

이내 피고 측 변호인의 안내를 받으며 에라스뮈스가 증언대에 섰다. 유럽 지성계에서 그의 명성은 루터를 능가하였으며, 사려 깊고 재치 있는 필력으로 수많은 독자층을 확보하고 있었다.

이대로 변호사　　본인에 대해서 간단히 소개해 주시죠.

에라스뮈스　　나는 네덜란드 로테르담에서 성직자의 사생아로 태어났습니다. 그 사실이 때로 나를 고통스럽게 했지만, 불행하게 성장하지는 않았습니다. 아버지는 나를 성 레빈 문법 학교에 보내 교육시켜 주었습니다. 14세 무렵 어머니와 아버지가 세상을 떠났고 후견인은 나를 수도원에 맡겼습니다. 그곳에서 라틴 고전학과 신학을 공부한 후 21세 때 아우구스티누스 수도원의 수도사가 되었고, 1492년에 사제가 되었습니다. 이듬해 캉브레 주교 베르겐의 비서가 되었고, 1495년 유럽 최고의 학문 기관인 파리 대학 신학부에 들어가 1499년까지 공부하였습니다.

유럽의 인문학자 에라스뮈스

　1499년에 영국을 방문할 기회를 얻었는데, 그것이 나의 인생에 큰 전환점이 되었습니다. 그곳에서 나는 토머스 모어, 윌리엄 그로신, 존 콜레트 등, 그리스 문화를 숭배하는 영국 인문주의자들과의 만남을 계기로 고전 그리스 어를 집중적으로 공부하기 시작했어요. 고전에 담긴 자유로운 인간적 이상과 기독교의 융합을 제 필생의 과업으로 삼게 되었지요. 첫 번째 과업으로 나는 그리스 및 라틴 고전과 기독교 문헌을 번역하고 편집하였습니다.

판사　나는 그런 고리타분한 책들보다 ▶풍자와 조소로 가득한 증인의『우신예찬』을 더 좋아합니다. 이 책을 쓴 동기가 무엇입니까?

에라스뮈스　유럽 각지를 여행하던 나는 1509년 다시 영국으로 향했습니다. 이탈리아로부터 알프스를 넘으면서 나는 수도원 생활을 풍자한 작품을 구상했어요. 영국에 도착한 뒤 토머스 모어의 집에 머무른 일주일 동안 이 작품을 완성했습니다. 그러나 출판된 것은 1511년입니다.

교과서에는

▶에라스뮈스가 쓴『우신예찬』에는 "요즈음 교황은 가장 어려운 일들을 베드로와 바울로에게 맡기고 자신은 호화로운 의식이나 즐거운 일에만 전념한다"라고 적혀 있습니다.

재판 셋째 날 | 루터의 개혁 정신은 무엇이었을까?　　● **139**

이 책이 출간된 후 예상치 않은 열렬한 호응을 얻었습니다. 철학자와 신학자들의 쓸데없는 논쟁, 교황을 비롯한 성직자들의 위선과 부패를 어리석음의 여신인 모리아를 통해 풍자하며 진정으로 현명한 것이 무엇인가를 대비하고자 했는데, 아마도 이런 것들이 많은 사람들의 억눌린 가슴을 통쾌하게 하지 않았나 생각합니다. 이 세상은 참으로 똑똑한 체하는 바보들로 가득 차 있습니다.

왜 루터는 종교 개혁을 일으켰을까?

당대의 지식인과 지도층을 모두 풍자의 대상으로 삼았기 때문에, 이 책은 얼마 지나지 않아 금서가 되었습니다. 그러나 암암리에 퍼져 나가 당대 최고의 베스트셀러가 되었어요.

이대로 변호사　　존경하는 판사님, 제가 에라스뮈스 박사를 증인으로 채택한 것은 그런 이유 때문이 아닙니다. 증인이 종교 개혁의 시발점이 된 가톨릭의 위선을 꼬집은 것으로 유명하기 때문이지요. 증인은 피고와 그의 종교 개혁에 대해서 어떻게 생각하십니까?

에라스뮈스　　종교 개혁 초기에 나는 루터에 대해 호감을 가졌습니다. 그의 비판에 공감하는 바가 많았어요. 나는 그의 용기와 불굴의 의지에 경의를 표했습니다. 나는 개혁의 깃발을 들고 앞장서는 행동가가 아니라 깊이 사색하고 글을 쓰는 학자에 불과하였습니다. 그래서 공개적으로 자신을 지지해 달라는 루터의 편지에 유보적인 태도를 취하였습니다. 사람들은 나를 루터의 지지자이자 후원자라고 단정하기도 하였습니다만, 나는 격렬한 언동보다는 정중한 중용을 지킴으로써 더 많은 것을 성취할 수 있다고 믿어 중립을 지켰어요.

김딴지 변호사　　증인은 결국 피고와 거리를 두었으며, 그를 비판하지 않았습니까?

에라스뮈스의 말이 끝나기가 무섭게 끼어든 김딴지 변호사의 물음에 법정이 술렁이기 시작했다. 에라스뮈스는 헛기침을 한 뒤 다시 말을 이어 갔다.

에라스뮈스   1520년에 루터가 『교회의 바벨론 포로』에서 로마 가톨릭의 성례전을 격렬하게 비판하고 비텐베르크 엘스터 문 앞에서 교황의 파문 위협 교서와 교회법을 소각했을 때 그에 대해 실망하기 시작했어요. 그것은 아무리 생각해도 지나친 처사였습니다. 나는 비판을 하되 관용과 타협을 통해 문제를 해결하기를 원했습니다. 나는 루터의 과격한 행동이 오히려 로마 교회 내의 강경 세력의 입지를 강화시킨다고 보았습니다. 나는 사실 양 진영의 경계선에 서 있었습니다. 로마 교황청은 루터를 분명하게 비판하지 않는 것은 곧 루터에 동조하는 것이라고 압력을 가했으며, 루터 진영은 나에게 보다 확고하게 자신들의 편에 서 달라고 요구하였습니다. 나는 루터를 이단으로 정죄하는 로마 교회의 처사도 맘에 들지 않았지만, 루터의 과격한 행동 또한 마찬가지였습니다. 인문주의자인 나로서 그 무엇보다 동의할 수 없었던 것은 인간의 자유 의지에 대한 그의 생각이었습니다.

이대로 변호사   그렇다면 증인은 인간의 자유 의지에 대해서 어떠한 입장을 가지고 계십니까?

에라스뮈스   성서에는 인간의 자유 의지를 긍정하는 구절과 부정하는 구절이 모두 있습니다. 사실 성서는 자유 의지와 예정에 대해 일방적인 답을 주지 않습니다. 그 때문에 우리는 인간의 자유 의지와 하느님의 구원의 역사를 조정하는 중간적인 이해를 가져야 한다고 나는 믿습니다. 나는 구원과 관련된 자유 의지란 인간이 구원의 수단들을 이용하거나 거부할 수 있는 의지의 능력이라고 이해합니다. 나는 인간은 하느님의 은총과 그 은총으로 인해 얻게 된 자유 의지의 협력으로 구원을 얻는다고 믿습니다.

김딴지 변호사 바로 그것이 교황과 로마 가톨릭교회가 믿는 바입니다. 피고는 인간의 자유 의지나 이성에 대해서 너무 부정적인 인식을 가지고 있습니다.

판사 그것에 대해서 피고의 이야기를 들어 보는 것이 좋을 듯합니다.

피고석에서 물끄러미 에라스뮈스를 바라보는 루터의 표정에는 여러 감정이 교차하는 듯했다. 한때 자신이 존경하던 스승 같은 이였고, 그가 편집한 그리스 어 성경이 없었다면 독일어 성서 번역도 불가능했을 것이다. 그는 착잡한 마음으로 피고석에서 일어났다. 방청객들은 당대 최고의 인문주의자와 종교 개혁자의 대면을 흥미진진하게 지켜보았다.

루터 나는 철저한 고전 문헌 연구자이자 온화하면서도 예리한 비판력을 지닌 에라스뮈스 박사를 존경했습니다. 그가 추구하는 관용과 타협의 정신도 존중합니다. 그러나 관용과 타협이라는 것이 상황에 관계없이 언제나 미덕이 될 수 있을까요? 선과 악의 생사를 건 싸움에서 과연 중립이라는 것이 가능할까요? 나는 타락한 교황과 로마 가톨릭교회는 이미 사탄의 농간에 놀아나는 적그리스도의 세력이라고 확신했습니다. 예수님도 '예' 할 것은 '예' 하고, '아니오' 할

'자유 의지'의 존재 여부에 대해 루터가 에라스뮈스에게 쓴 편지를 독일어로 번역한 것입니다.

것은 '아니오' 하라고 명령하지 않았습니까? 사탄이 우는 사자처럼 삼킬 자를 찾는 이러한 절박한 상황에 대한 인식이 에라스뮈스 박사에게는 부족하다고 생각했습니다. 나는 에라스뮈스 박사가 중립을 지킨다고 하면서 하느님의 일을 생각하는 것이 아니라 점차로 사람의 일을 생각하는 것이 아닌가 하는 의심이 들었습니다. 하느님의 전적인 은총보다는 사람의 능력을 더 신뢰하는 것 같았습니다. 자유 의지의 문제만 해도 그렇습니다. 나도 세상일과 관련된 외적인 일에서 인간이 선택의 자유를 가지고 있음을 부인하지 않습니다. 그러나 하느님과의 관계에 있어서, 특히 구원의 문제에 있어서 인간의 자유 의지는 무력한 것입니다. 인간의 구원은 전적으로 하느님에게 달린 것입니다. 인간이 할 수 있는 것은 아무것도 없습니다. 하느님의 은총을 믿는 것밖에요. 이것은 전적으로 영적이며 신앙적인 것입니다. 인간의 자연적인 의지란 죄와 사탄의 지배를 받는 노예 의지에 불과합니다. 이것이 인간의 현실입니다.

김딴지 변호사 교황과 로마 가톨릭교회가 사탄의 농간에 놀아나는 적그리스도 세력이라는 발언은 명백하게 명예 훼손죄와 허위 사실 유포죄에 해당합니다. 보십시오. 피고는 인간성에 대해 부정적인 생각이 가득합니다. 그런 사람이 어떻게 르네상스 교황이 이룩한 인간의 위대한 예술과 창조성을, 인생의 낭만을 알겠습니까?

이대로 변호사 지금 원고 측 변호인은 피고가 시와 음악을 사랑하고 인생의 즐거움을 아는 사람임을 모르고 하는 소리입니다. 그는 결혼해서 가족을 꾸리고 생의 기쁨과 슬픔을 체험했습니다. 결혼을 하지 않은 사제들이 이러한 것을 알기나 하겠습니까?

판사 자, 그만하시지요. 재판 시작 때 예감은 하였지만, 종교 문제를 재판으로 해결하려니 참으로 어렵군요. 지혜로운 왕이었다는 솔로몬이 다시 와도 해결이 날 것 같지 않습니다. 잠시 휴정한 후에 당사자들의 최후 진술을 듣고 재판을 끝내도록 하겠습니다.

다알지 기자

　　드디어 레오 10세와 루터의 마지막 재판
이 끝났습니다. 그 어느 때보다도 엄숙한 분위
기에서 진행되었던 이번 재판에는 유럽 최고의 인
문학자라 불리는 에라스뮈스도 증인으로 참석하여 눈길을 끌었습니
다. 증언을 통해 당시의 사회 분위기에 대해서 좀 더 자세히 알 수 있었
습니다. 아, 그리고 재판이 진행되는 동안 매우 진지한 표정으로 이를
지켜봤던 배심원이 계신데요, 에라스뮈스 씨와의 인터뷰에 앞서 시민
배심원과 잠시 인터뷰를 해 보도록 하겠습니다. 오늘 마지막 재판은
어땠습니까?

배심원

　사실 제 자신이 가톨릭교도로서, 존경하던
교황과 로마 가톨릭에 대한 루터의 주장은 충격
이었습니다. 물론 교황과 로마 가톨릭교회에 대한
비판이 지나친 감이 있지만, 그 당시의 상황을 생각하면 일면 수긍이
가기도 해요. 그의 주장의 옳고 그름을 떠나, 그는 오랫동안 관습과 타
성에 젖어 잠들어 있던 영혼들을 일깨우는 외로운 기상 나팔수 역할을
한 것 같아요. 거대한 골리앗 앞에 팔맷돌 하나 들고 서 있는 소년 다윗
처럼 보이기도 하고요. 어쨌든 나는 이 재판을 통해 많은 것들을 배워
서 좋았습니다.

에라스뮈스

루터의 종교 개혁이 일어나기까지 당시 유럽의 특권 계층이 가지고 있던 생각들은 비판받아 마땅했다고 생각합니다. 특히 교황을 비롯한 성직자들의 위선과 부패는 심각했지요. 때문에 루터의 비판에 많은 공감을 했고, 그를 인정했어요. 물론 내가 중립을 지키며 공식적인 지지 표명을 하지는 않았는데요, 그 이유는 재판에서 이미 밝혔다고 생각합니다. 나는 되도록 관용과 타협을 추구했지만 그래도 루터의 종교 개혁 정신에는 경의를 표합니다.

왜 루터는 종교 개혁을 일으켰을까?

종교 개혁이 하나 된 교회를 분열시켰소
VS
성서로 검증되지 않은 교회의 전통은
복음의 진리를 가릴 수 있습니다

판사 이제 최후 진술을 듣겠습니다. 마지막 발언 기회인 만큼 원고와 피고는 신중하게 진술해 주십시오. 그럼 주로 변호사를 통해 변론했던 원고부터 시작하시지요.

레오 10세 지상에서 그리스도를 대신하는 교황으로서 이 법정에 서서 진술한다는 것 자체가 심히 유감스럽습니다. 어쩌다가 이 지경까지 오게 되었는지 후회되기도 합니다. 그리고 한때 충실한 로마 교회의 아들이었고 진지한 수도사였던 피고가 교회를 깨고 나가서 이토록 세계를 소란스럽게 하고 급기야 분열시켜야 했던 까닭을 이해할 수가 없습니다.

나는 그 당시 이 분열을 막아 보려고 나름대로 많은 노력을 하였습니다. 그러나 피고의 완고함 때문에 별소용이 없었지요. 하나의 거룩하고 보편적이고 사도적인 로마 교회를 그렇게 깨고 나가 세운 프로테스탄트 교회가 얼마나 새로워졌습니까? 처음에는 뭔가 새롭게 시작되는 것 같았지만, 시간이 흐르자 피고가 우리 로마 교회를 비판했던 그 부정적인 모습이 프로테스탄트 교회에서도 나타나지 않았습니까? 그에 비해 피고가 그토록 비판했던 로마의 성 베드로 대성당에는 지금도 세계 각지에서 수많은 관광객들이 몰려오고 있습니다.

피고가 그토록 강조하는 "오직 믿음만으로(sola fide)"라는 주장도 너무 일방적입니다. 우리는 오로지 믿음이 아니라 사랑으로 역사하는 믿음, 곧 믿음과 행위가 함께 가는 믿음이 되어야 합니다. 또한 피고는 "오직 성서만으로(sola scriptura)"라고 외치는데, 성서를 만든 것은 교회임을 잊어서는 안 됩니다. 거룩한 교회는 기록된 말씀인 성서만 가지고 있는 것이 아니라, 기록되지 않은 교회의 전승을 가지고 있습니다. 어떻게 보면 성서도 전승의 일부라고 할 수 있습니다. 그리고 성서와 전승의 올바른 해석을 위해서는 교황의 권위가 필요합니다. 저마다 해석이 다를 때 누가 최종적인 해석의 정당성을 담보합니까? 교리적이고 윤리적인 문제에서 누가 전 교회에 구속력 있는 최종적인 결정을 합니까?

제도로서의 로마 교회가 완전하다고 주장하지는 않습니다. 그러나 오랜 시간 많은 시행착오를 거치면서 인간이 할 수 있는 최선의 제도를 구축해 왔습니다. 이 제도 속에서 많은 사람들이 마음의 안정과 평화를 얻고 있습니다. 그런 교황과 로마 교회를 타락의 화신인 양, 더 나아가 사탄이니 적그리스도니 하는 것은 심각한 명예 훼손임을 현명하신 판사님과 배심원들께서는 인식해 주시기를 바랍니다.

판사 이번에는 피고가 진술해 주십시오.

마르틴 루터 사람들이 생각하듯이 나는 어떤 확고한 종교 개혁적인 프로그램을 가지고 종교 개혁을 시작한 것이 아니었습니다. 나는 로마 가톨릭교회를 개혁하겠다는 거창한 이유에서가 아니라 실존적인 문제, 나 자신의 구원의 문제로 고민하던 중, 복음의 진리를 발견해 모든 사람과 함께 나누고자 하는 의도에서 시작했던 것이지요. 제가 이미 첫 번째 재판에서 진술했듯이, 인간의 구원은 나 자신의 의가 아니라 예수 그리스도 안에 나타난 하느님의 의를 믿음으로써 주어지는 의를 통해 이루어진다는 깨달음을 통해 나는 나를 억압하고 있던 모든 억압과 두려움으로부터 자유로울 수 있었습니다.

복음 안에서 우리는 인간을 심판하는 두려운 하느님을 만나는 것이 아니라, 사랑으로 인해 자신의 아들을 십자가에 내어 주신 사랑의 하느님을 발견합니다. 하느님과 인간을 화해시키는 것은 예수 그리스도에 대한 믿음뿐입니다. 인간이 이룩한 업적이나 전통이나 관습이나 법이 인간의 구원을 가져다줄 수 없습니다. 제가 '오직 믿음'을 강조하는 것은 이러한 맥락입니다. 나 역시 믿음에 따르는 인간의 선행이나 사랑의 행위를 결코 부정하지 않습니다. 제가 문제시하는 것은 분명한 우선순위입니다. 좋은 믿음에서 좋은 열매가 열리는 것은 당연한 일입니다.

제가 전승보다 '오직 성서만으로'를 강조하는 것도 성서로 검증

되지 않은 교회의 전통은 오히려 복음의 진리를 가리거나 억압할 수 있기 때문입니다. 로마 가톨릭교회에는 성서에 의해 뒷받침되지 않은 관습적이며 미신적인 예식들이 얼마나 많습니까? 그리고 성서의 해석에 교황이 최종적인 결정권을 가진다는 것도 얼마나 위험한 일입니까? 중세의 모든 종교 재판의 오류는 어찌하렵니까?

나 역시 종교 개혁으로 탄생한 프로테스탄트 교회가 완전하다고 믿지 않습니다. 모든 교회는 언제나 개혁되어야 합니다. 적대자들은 종교 개혁이 하나 된 교회를 분열시켰다고 비난합니다. 그러나 정확하게 말하자면, 제가 분열시킨 것이 아니라 로마 교회가 나를 추방한 것입니다. 그들은 일방적으로 우리에게 믿음과 주장을 포기하고 백기를 들고 투항하라고 요구하였지만 나는 그럴 수 없었습니다. 제가 교황이나 로마 교회가 사탄의 조종을 받고 있다거나 적그리스도라고 정죄한 것은 지금의 관점에서 볼 때 지나치다고 할 것입니다. 그러나 그 당시 교황과 로마 교회는 분명히 타락하였고, 그 타락한 세력이 나와 개혁 세력을 압살하려 드는 절박한 상황에서 나는 그렇게 느끼지 않을 수 없었습니다.

모든 역사적 사건은 그 시대의 관점에서 보아야 합니다. 나는 나의 추종자들이 생각하듯이 대단한 영웅이나 초인적인 존재가 아닙니다. 나도 때로 두려움을 느꼈고 때로는 내가 하는 일이 올바른 것인가 흔들리기도 했습니다. 그러나 제가 끝까지 견디며 나아갈 수 있었던 것은 하느님의 말씀의 능력을 믿었기 때문입니다. 나는 하느님의 말씀인 성서와 제 양심에 반하는 어떠한 것에도 굴복할 수 없었습니다. 나는 양심과 진리에 따라 말하고 행동했을 뿐, 결코 교황이나 로마 교회에 대해 명예 훼손이나 허위 사실 유포를 하지 않았습니다. 현명하신 판사님과 배심원들께서는 이 점을 이해해 주시기를 부탁합니다.

판사   원고와 피고, 변호사들, 그리고 배심원 여러분, 수고 많으셨습니다. 다소 지루할 수 있는 재판을 방청해 주신 모든 분들께 감사드립니다. 나는 배심원들의 의견을 참고하여 판결하도록 하겠습니다. 이것으로 재판을 마치겠습니다.

땅, 땅, 땅!

역사공화국 세계사법정 재판 번호 30 레오 10세 VS 마르틴 루터

주문

역사공화국 세계사법정은 레오 10세가 마르틴 루터를 상대로 제기한 명예 훼손에 대한 정신적 손해 배상 청구를 기각한다.

판결 이유

원고 레오 10세는 성 베드로 대성당 개축을 위해 면죄부를 팔고 찬란한 르네상스 예술을 후원하였다는 이유로 피고인 마르틴 루터가 자신을 타락과 부패의 화신으로 낙인찍음으로써 자신의 명예가 심각하게 훼손되었다고 주장하였다. 피고의 이러한 평가는 면죄부에 대한 오해와 예술에 대한 몰이해 때문이며, 기타 로마 가톨릭교회의 교리에 대한 피고의 비판은 일방적인 주장에 불과하고 오히려 피고는 하나 된 거룩한 교회를 분열시키고 수많은 종교 갈등과 전쟁을 유발시킨 장본인이라고 원고는 주장하였다.

하지만 피고가 주장한 내용이 진실이고 공공 이익을 위한 것인 경우 위법성이 없는 것으로 평가되어 위 사실은 명예 훼손죄에 해당되지 않는다. 또한 적시된 사실이 진실이 아니라고 하더라도 행위자가 그 사실을 진실한 것으로 믿었고 또 그렇게 믿을 만한 상당한 이유가 있

는 경우에도 그렇게 본다. 재판 과정에서 나온 증언과 변론을 종합적
으로 판단한 결과 본 법정은 피고가 자신의 양심과 신앙에 따라 진실
이라고 믿었고 공공의 이익이 된다고 확신하는 것을 주장하였다고 본
다. 따라서 피고가 고의나 악의로 원고의 명예를 훼손하였다고 보기
어렵다는 결론에 도달하였다.

종교 문제를 세상의 법정에서 판결한다는 건 복잡하고 어려운 일이
다. 가급적 종교 문제는 종교 내부에서 해결하는 것이 최상일 것이다.
이미 돌이킬 수 없이 독자적인 길을 가고 있는 기독교 내의 두 종파를
두고 옳고 그름을 판단하기 어려운 것이 사실이다. 결국 어느 것이 옳
은 길인가는 교리의 영역보다는 실천의 영역에서 입증해야 하리라고
본다. 상호 정죄보다는 하느님의 뜻을 누가 더 이 세상에 구현시키는
가를 두고 선의의 경쟁을 하기 바란다.

역사공화국 세계사법정 담당 판사 명판결

"루터 교회와 로마 교회가
공동 선언을 했다고?"

나 다알지는 다시 기자로서의 바쁜 일상으로 복귀하였다. 신문을 보니 2014년 브라질 월드컵 최종 예선 카타르전에 대한 기사가 눈에 띈다. 2002년도 서울 월드컵의 그 뜨거웠던 시간이 떠올랐다. 온 나라를 뒤덮었던 붉은 악마들의 물결. 스포츠는 오늘날의 세속화된 종교라는 생각이 든다. 스포츠에 대한 전 세계적인 관심과 열정과 헌신을 오늘날 어떤 종교가 따를 수 있을 것인가?

TV로 축구 경기를 보다 보면 경기 시작 전 국가를 부를 때나 선수가 교체되어 들어가고 나갈 때, 특히 남아메리카 선수들이 손으로 가슴에 십자가를 긋곤 한다. 이보다 더한 장면은 선수들 가운데 독실한 기독교인들이 골을 넣은 순간 그라운드에 무릎을 꿇고 기도하는 모습이다.

왜 남아메리카의 선수들은 성호를 긋는가? 나는 이 세속적 종교의 축제 한가운데서 얼마 전에 끝난 루터와 레오 10세의 재판을 떠올렸다. 루터의 종교 개혁 이후에 변화된 세계 종교의 지형도를 나는 세계인의 축제인 월드컵에서 새삼 확인하는 것이다. 종교 개혁은 로마 가톨릭교회로 통일되어 있던 서유럽 기독교회의 분열을 의미했다. 로마 가톨릭교회는 트리엔트 공의회를 통해 자체의 개혁과 전열을 가다듬은 후 유럽에서 개신교회에 잃어버린 실지를 회복하기 위해 노력하였고, 더 나아가 새롭게 발견된 신항로를 따라 아시아로, 신대륙 아메리카로 진출하였다. 이 대열에 선교의 깃발을 들고 앞장선 것이 예수회다. 그리하여 남아메리카는 유럽에서 잃어버린 것을 보상하고도 남을 만큼 거대한 로마 가톨릭 영토가 되었다. 이번에 새롭게 선출된 새 교황 프란체스코 1세는 남아메리카 아르헨티나 출신으로 비유럽권 최초의 교황이다. 이보다 오늘날 로마 가톨릭교회의 상황을 극명하게 보여 주는 사건이 있을까?

종교 개혁은 그 의도의 순수성과 개인의 양심과 신앙의 자유의 성취라는 긍정적 면에도 불구하고, 종파적 대립과 피비린내 나는 종교 전쟁의 계기가 되었음을 부인할 수 없다. 종교 전쟁은 개신교나 로마 가톨릭교회 어느 한편의 승리로 끝난 것이 아니라 기독교 전체의 권위 상실로 이어졌고, 유럽 사회가 세속화되는 시발점이 되었다.

나는 신문사 도서관에서 자료를 조사하다가 흥미로운 사실을 발견하였다. 새로운 밀레니엄을 눈앞에 둔 1999년 10월 31일에 루터교회 세계 연맹과 로마 가톨릭교회가 '칭의(稱義)론에 대한 공동 선언'을 했다는 것이다. 이날은 루터가 「95개조 반박문」을 비텐베르크 성 교회 정문에 내걺으로써 종교 개혁이 시작된 지 482년이 되는 날이었다. 칭의란 바로 루터가 새롭게 발견한 종교 개혁의 핵심적 교리다. 이 부분에서 양 진영이 서로 접근했다니, 놀라운 일치를 향한 발전이다. 물론 아직도 교회법이나 전통 그리고 교리에서 개신교회와 로마 가톨릭교회는 현격한 입장 차이를 보이는 것이 사실이다. 그러나 이러한 차이가 상호 비방의 빌미가 되어서는 안 되리라. 지상의 모든 제도적 교회는 불완전하다. 모든 교회는 도래하는 하느님 나라에 의해 끊임없이 지양되어야 하는 존재라는 생각이 들었다.

마르틴 루터가 종교 개혁의 뜻을 키운
바르트부르크 성

루터는 「95개조 반박문」을 써서 교황과 로마 가톨릭교회로부터 파문을 당하고 위험에 처하게 되지요. 숨어 지낼 곳이 필요했던 루터는 지지자들의 도움으로 바르트부르크 성에서 지내게 됩니다. '바르트부르크'는 '망 보는 사람'이란 뜻으로, 이 이름처럼 바르트부르크 성은 루터를 안전하게 숨겨 주었습니다.

루터는 사람들의 시선을 피하기 위해 1521년 5월 4일부터 1522년 3월 1일까지 10개월가량 융커 외르크라는 가명을 쓰며 수염을 기른 채 그 성에 살았습니다. 성의 최고 책임자를 제외하고는 누구도 그의 정체를 아는 사람이 없었지요. 그는 이곳에 머물며 성경을 독일어로 번역하였고 교회 개혁 운동을 깊이 있게 추진해 나갔습니다. 루터가 당시 머물던 곳은 현재 '루터 방'이란 이름으로 여행자들에게 공개되어 당시의 상황을 엿볼 수 있게 합니다.

독일 튀링겐 주 아이제나흐 인근에 있는 바르트부르크 성은 1067년에 루트비히 폰 샤우엔부르크 백작의 지시로 해발 400미터 높이에 지어졌습니다. 중부 유럽에서 가장 뛰어난 봉건주의 시대의 건축 유물로 손꼽히는 이 성은 그만큼 역사적·문화적 가치도 높지요. 그래서

1999년에는 유네스코 세계 유산으로 등재되기도 하였습니다.

바르트부르크 성은 요새 형태를 띠고 있어 성벽이 견고하고 망루와 옹성이 있습니다. 또한 종탑과 기사들이 목욕할 수 있는 곳, 사령관의 정원 등이 있지요. 루터가 죽고 난 뒤 16세기 말부터 많은 순례자들이 이곳을 방문하고 있고, 이는 지금까지 이어져 내려오고 있습니다.

찾아가기 독일 튀링겐 주의 아이제나흐

바르트부르크 성의 외관

바르트부르크 성의 루터 방

바르트부르크 성 입구

『역사공화국 세계사법정 30 왜 루터는 종교 개혁을 일으켰을까?』와
관련한 논술 문제를 풀어 봅시다.

※ 다음 그림과 제시문을 읽고 물음에 답하시오.

(가) 이탈리아 르네상스의 경우 화가와 건축가의 많은 활동이 교황
청의 후원에 힘입은 것이었고, 실제로 다수의 작품이 교황청과
교황의 의뢰로 교회 내부를 장식하기 위해 제작되었다. (……)
약 1000년 이상 서유럽에는 로마 교회를 중심으로 한 하나의
기독교 세계가 펼쳐져 있었다. 로마 교회는 종교적 권위는 말
할 것도 없고 막강한 위세와 권력, 부를 독점하였다.

면죄부를 판매하는 모습

(나) 고려의 공민왕은 승려인 신돈을 등용하여 불법적인 농장을 없

애고 토지를 원래 주인에게 돌려주었으며, 농장의 노비들을 양인으로 해방시켰다. (……) 신돈은 스스로 판사가 되어 전국에 방을 붙여 알리기를 "요즈음 기강이 크게 무너져 욕심이 많고 마음이 검은 것이 풍속이 되었다"고 하였다.

1. (가)는 종교 개혁 이전의 유럽에 대한 이야기이고, (나)는 고려 공민왕 때의 이야기입니다. (가)와 (나)를 읽고 종교가 세속의 부와 권력을 갖는 것에 대한 자신의 의견을 쓰시오.

※ 다음 제시문을 읽고 물음에 답하시오.

제1항: 우리 주님이요 스승이신 예수 그리스도가 "회개하라"(마 4:17)고 말씀하셨을 때 그가 원했던 것은 믿는 자들의 삶 전체가 참회여야 한다는 것이다.

「95개조 반박문」

제36항: 자기의 죄를 진실로 회개하는 그리스도인은 누구든지 면죄부 없이도 형벌과 죄책으로부터 완전한 해방을 요구할 수 있다.

제86항: 오늘날 가장 큰 부자보다 더 부유한 교황이 지금 베드로 성당을 짓는데, 적어도 가난한 신자들의 돈으로 하기보다는 자신의 돈으로 해야 할 것이 아닌가?

2. 위의 글은 마르틴 루터의 「95개조 반박문」의 일부입니다. 그가 말하고자 한 바가 무엇이었을지 아래의 낱말을 세 개 이상 사용하여 쓰시오.

진실 웃음 면죄 권위 부정 성서 신앙

고통 가난 착취 교황

해답 1 유럽의 로마 교회는 유럽 각국의 왕과 신자들에게 많은 돈을 기부받아 성당과 교회를 화려하게 지었습니다. 이뿐만 아니라 천국으로 갈 수 있도록 죄를 없애 준다는 이른바 '면죄부'를 판매하기에 이르렀지요. 또한 고려 시대 공민왕 때는 승려인 신돈이 사찰이 아닌 궁궐에서 목소리를 높였습니다.

그런데 이렇게 정신적 가치를 지향하는 종교가 현실적 가치인 부와 권력을 갖게 되는 것은 바람직한 일이 아니라 생각합니다. 사람들이 마음의 안정을 찾고 위안을 얻어야 할 종교가 부에 집착하고 권력을 지향하게 되면 종교 원래의 목적을 잃어버리게 되기 때문이지요.

해답 2 마르틴 루터가 「95개조 반박문」에서 말하고자 한 것은 '성서를 중심으로 한 진실된 신앙'이었습니다. 교황이나 교회의 권위가 중심이 되어 면죄부를 사고파는 것이 아니라 진실된 마음으로 신앙생활을 하는 것이야말로 가장 중요하다고 생각하였으며, 그래서 그렇지 않은 교회에 반발하게 된 것입니다.

* 해답은 예시로 제시된 내용입니다.

왜 루터는 종교 개혁을 일으켰을까?

왜 루터는 종교 개혁을 일으켰을까?

역사공화국 세계사법정 30

왜 루터는 종교 개혁을 일으켰을까?

ⓒ 이성덕, 2013

초판 1쇄 발행일 2013년 6월 10일
초판 5쇄 발행일 2022년 12월 1일

지은이   이성덕
그린이   남기영
펴낸이   정은영

펴낸곳   (주)자음과모음
출판등록 2001년 11월 28일 제2001-000259호
주소   10881 경기도 파주시 회동길 325-20
전화   편집부 (02) 324-2347 경영지원부 (02) 325-6047
팩스   편집부 (02) 324-2348 경영지원부 (02) 2648-1311
이메일   jamoteen@jamobook.com

ISBN 978-89-544-2430-1 (44900)

과학자가 들려주는 과학 이야기 <small>(전 130권)</small>

위대한 과학자들이 한국에 착륙했다!
어려운 이론이 쏙쏙 이해되는 신기한 과학수업,
〈과학자가 들려주는 과학 이야기〉 개정판과 신간 출시!

〈과학자가 들려주는 과학 이야기〉 시리즈는 어렵게만 느껴졌던 위대한 과학 이론을 최고의 과학자를 통해 쉽게 배울 수 있도록 했다. 또한 지적 호기심을 자극하는 흥미로운 실험과 이를 설명하는 이론들을 초등학교, 중학교 학생들의 눈높이에 맞춰 알기 쉽게 설명한 과학 이야기책이다.

특히 추가로 구성한 101~130권에는 청소년들이 좋아하는 동물 행동, 공룡, 식물, 인체 이야기와 최신 이론인 나노 기술, 뇌 과학 이야기 등을 넣어 교육 과정에서 배우고 있는 과학 분야뿐 아니라 최근의 과학 이론에 이르기까지 두루 배울 수 있도록 구성되어 있다.

★ *개정신판 이런 점이 달라졌다!* ★

첫째, 기존의 책을 다시 한 번 재정리하여 독자들이 더 쉽게 이해할 수 있게 만들었다.

둘째, 각 수업마다 '만화로 본문 보기'를 두어 각 수업에서 배운 내용을 한 번 더 쉽게 정리하였다.

셋째, 꼭 알아야 할 어려운 용어는 '과학자의 비밀노트'에서 보충 설명하여 독자들의 이해를 도왔다.

넷째, '과학자 소개·과학 연대표·체크, 핵심과학·이슈, 현대 과학·찾아보기'로 구성된 부록을 제공하여 본문 주제와 관련한 다양한 지식을 습득할 수 있도록 하였다.

다섯째, 더욱 세련된 디자인과 일러스트로 독자들이 읽기 편하도록 만들었다.

철학자가 들려주는 철학 이야기 (전 100권)

아이들의 눈높이에 맞춘 철학 동화!
책 읽는 재미와 철학 공부를 자연스럽게 연결한 놀라운 구성!

대부분의 독자들이 어렵게 느끼는 철학을 동화 형식을 이용해 읽기 쉽게 접근한 책이다. 우리의 삶과 세상, 인간관계에 대해 어려서부터 진지하게 느끼고 고민할 수 있도록, 해당 철학 사조와 철학자들의 사상을 최대한 풀어 썼다.

이 시리즈의 가장 큰 장점은 내용과 형식의 조화로, 아이들이 흔히 겪을 수 있는 일상사를 철학 이론으로 해석하고 재미있는 이야기로 담은 것이다. 또한 아이들의 눈높이에 맞는 쉽고 명쾌한 해설인 '철학 돋보기'를 덧붙였으며, 각 권마다 줄거리나 철학자의 사상을 상징적으로 표현한 삽화로 읽는 재미를 더한다. 철학 동화를 이끌어가는 주인공을 형상화하고 내용의 포인트를 상징적으로 표현한 삽화는 아이들의 눈을 즐겁게 만들어준다. 무엇보다 이 시리즈는 철학이 우리 생활 한가운데 들어와 있고, 일상이 곧 철학이라는 사실을 잘 보여준다. 무엇보다 자기 자신을 극복한다는 것, 인간을 사랑한다는 것, 진정한 인간이 된다는 것, 현실과 자기 자신을 긍정한다는 것 등의 의미를 아이들의 시선에서 풀어내고 있다.

과학공화국 법정시리즈 (정완상 외 지음 | 전 50권)

생활 속에서 배우는 기상천외한 수학·과학 교과서!
수학과 과학을 법정에 세워 '원리'를 밝혀낸다!

이 책은 과학공화국에서 일어나는 사건들과 사건을 다루는 법정 공판을 통해 청소년들에게 과학의 재미에 흠뻑 빠져들게 할 수 있는 기회를 제공한다. 우리 생활 속에서 일어날 만한 우스꽝스럽고도 호기심을 자극하는 사건들을 통하여 청소년들이 자연스럽게 과학의 원리를 깨달으면서 동시에 학습에 대한 흥미를 가질 수 있도록 구성하였다.